삶이 나를 흔들 때마다

다시, 나를 깨우는 길 위에서

ⓒ 윤서아 외 27인, 2025

초판 1쇄 인쇄 2025년 11월 10일
초판 1쇄 발행 2025년 11월 20일
작가 **윤서아, 조유나, 이성미, 윤하솜, 손미화, 석승희, 유양석, 윤영애, 김단아,
  임전형, 육현정, 박세빈, 김유라, 이은순, 남지현, 유한나, 강별, 김미경,
  구은혜, 장경국, 유리, 윤태철, 최주영, 김윤희, 김가경, 최은숙, 황보희, 박정순**

출판사 **재노북스**

기획편집 및 교정교열 **윤서아**
내지디자인 **윤서아, 김선화** 표지디자인 **오션**
도서 콘텐츠 마케팅 및 해외출간 **이시은, 임지수, 김민지**
작가컨설팅 **윤서아**

출판등록 2022년 4월 6일 제2023-000076호

주소 서울특별시 금천구 가산디지털1로 205-27 에이원빌딩 705호
대표전화 0507-1381-0245 팩스 050-4095-0245
이메일 dasolthebest@naver.com
홈페이지 https://zenobooks.co.kr/
블로그 https://blog.naver.com/zeno_books

ISBN 979-11-94868-27-9 (03800) 22,000원

· 이 책은 저작권법에 의하여 보호를 받는 저작물이므로 무단 전재와 복제를 금합니다.
· 재노북스는 독자 여러분의 책에 관한 아이디어와 원고 투고를 기다리고 있습니다.
· 책 출간을 원하는 아이디어가 있으신 분은 재노북스 홈페이지 '원고투고'란으로
  개요와 연락처 등을 보내주세요.

"삶이 나를 흔들 때마다,
우리는 결국 자신을 깨운다."

"나를 깨운 순간은 언제였을까?"
"지금 나는 어떤 방향으로 가고 있을까?"

프롤로그

당신의 '깨움'은 어디에서 시작되었나요

삶에는 누구에게나 자신을 멈춰 세우는 순간이 있다. 그 순간은 때로는 사고처럼, 때로는 한 문장처럼, 그리고 때로는 한 사람의 말처럼 조용히 찾아온다.

《삶이 나를 흔들 때마다 - 다시, 나를 깨우는 길 위에서》는 바로 그 '작은 깨달음의 순간들'에서 시작된 책이다.

"이 책을 펼친 당신은 지금 어떤 순간을 지나고 있나요?"

"무언가에 막혀 멈춰 서 있지는 않나요?"

28명의 저자가 써 내려간 글은 서로 다르지만, 한 줄기로 이어진다. '삶은 우리를 끊임없이 흔들지만, 그 흔들림 속에서 결국 우리는 깨어난다'는 믿음이다.

프롤로그

이 프로젝트를 진행하며 나는 수없이 생각했다. 누군가의 작은 이야기 하나가 또 다른 누군가의 마음을 깨울 수 있을까?'

그 답은 원고를 받아볼 때마다, 수정 메모를 주고받을 때마다, 조금씩 명확해졌다. 그들의 글에는 꾸밈이 없었다.

누군가는 아픔을 있는 그대로 써 내려갔고, 누군가는 웃음을, 또 누군가는 희망을 담았다. 그 솔직함이야말로 이 책의 가장 큰 힘이다.

이 책은 글쓰기를 업으로 삼은 작가들만의 책이 아니다. 평범한 직장인, 교사, 엄마, 그리고 인생의 중간 지점에 선 사람들이 '자신의 언어'로 쓴 이야기들이다. 그래서 더 진실하다. **삶의 언어로 쓴 글이기 때문이다.**

편집을 맡으며 나는 그들의 문장에서 '용기'를 보았다. 세상

프롤로그

앞에서 자신을 드러내는 일은 생각보다 쉽지 않다. 하지만 이 책의 모든 저자들은 그 어려운 일을 해냈다. 그것이 바로 '깨어남'의 첫 번째 징후다.

이 책은 완성형이 아니다. 그보다는 '과정'에 가깝다. 쓰는 동안 자신을 돌아보고, 돌아보는 동안 조금씩 단단해졌던 그 시간의 기록이다.

그래서 이 책을 덮을 때쯤, 독자 여러분의 마음에도 하나의 질문이 남기를 바란다.

"나를 깨운 순간은 언제였을까?"

그 질문이야말로 우리가 앞으로 살아갈 인생의 나침반이 될 것이다.

프롤로그

이 책이 당신에게 잠시 멈춰 자신을 돌아보는 계기가 되기를,

그리고 그 속에서 "그래도 괜찮아, 나는 아직 살아 있고, 다시 시작할 수 있다." 는 믿음을 되찾기를 진심으로 바란다.

마지막으로, 이 여정을 함께 걸어준 28명의 작가들에게 진심으로 감사의 마음을 전한다. 당신들의 이야기가 누군가의 어두운 시간을 비춰줄 하나의 작은 등불이 되기를.

2025년 10월, 여의도 한강공원에서
윤서아 편집장

목차

프롤로그 4 | 에필로그 184

PART 1. 다시 일어서다

윤서아 | 여성 리더의 길, 나는 매일 깨어나는 중이다	13
윤영애 | 나는 두 번 미쳐봤다	20
김단아 | 끝나지 않을 줄 알았던 방황의 끝	28
임전형 | 포기하려던 순간, 인생이 피어났다	33
이성미 | 공허에서 피어난 나의 두 번째 삶	38

PART 2. 관계 속에서 배우다

윤하솜 | 너는 사춘기니? 엄마는 갱년기야	47
육현정 | 시끌벅적 아홉 식구, 그 안에서 자란 나	54
박세빈 | 그 아이가 내 하루를 바꿔놓았다	59
김유라 | 주말 침대 위 두 남자	66
이은순 | 그 말들이 나를 깨웠다	70

PART 3. 나를 찾아가는 시간

남지현 | 서른이지만, 성장 중입니다.	77
유한나 | 2025년, 33살. 나는 파산했다	82
강 별 | 나는 하루에 한 번, 마음을 필사한다	87
김미경 | 그리고 나는, 나로 다시 살기로 했다	94
구은혜 | 지금 행복하세요?	98

목 차

PART 4. 일과 배움으로 깨어나다
조유나 | 개척영업으로 인생을 배운다.   105
장경국 | 내가 한 공부의 8할은 중년 이후에 시작되었다   110
손미화 | 배움은 그렇게 이어진다   115
석승희 | 그날 이후, 19금 웹소설 작가로 깨어나는 중이다   119
유　리 | 쓸데없이 성실한 삶을 팝니다   125

PART 5. 새로운 도전
윤태철 | 철책 너머, 다시 시작된 삶   133
유양석 | 지금 도전이 가장 빠르다   139
최주영 | 뜻대로 되지 않는 세상. 그래서 살아본다. 내가.   145

PART 6. 몸과 마음의 언어
김윤희 | 내 목소리가 피아노소리를 타고 흘러나온다.   155
김가경 | 몸의 신호에 귀 기울이면 알 수 있는 것들   162
최은숙 | 손끝에서 시작되는 그리움   168
황보희 | 교육은 사람을 기억하는 일   174
박정순 | 그날, 시칠리아의 바람이 우리를 불렀다.   178

PART 1

다시 일어서다

- 재노북스 출판사 대표 겸 수석편집장
- AI기업교육 전문강사 겸 교육학 박사
- 한국미디어창업뉴스 대표 겸 수석편집장
- (사)서울국제광고영화제 대표이사 겸 수석연구원
- 재노스쿨 & 미디어창업아카데미 평생교육원 원장

"AI기업교육 전문강사이자 디지털 미디어 아티스트"
윤서아 작가는 AI기업교육 전문강사이자 디지털 미디어 아티스트로서 동화책부터 웹툰까지 다양한 분야에서 일러스트 디자이너로 활동하며 장르소설 및 웹소설을 꾸준히 연재하고 있습니다.

윤서아

여성 리더의 길, 나는 매일 깨어나는 중이다

윤서아

강남의 6평 오피스텔.

벽면을 가득 채운 책장과 접이식 책상 하나, 라꾸라꾸 침대가 전부였던 그 공간에서 나는 자주 멈춰 섰다. 새벽 두 시, 창문 틈으로 들어오는 도로 불빛을 보며 스스로에게 물었다.

"나는 어디까지 갈 수 있을까."

답은 없었지만, 다음 날 아침 다시 의자를 펴고 카메라를 켰다. 작은 시작을 반복하는 사람, 그게 그때의 나였다.

첫 번째 '깨움'은 오픈톡방에서 왔다. 무료로 지식을 나누던 어느 저녁, 한 참가자가 물었다.

"선생님, 평생회원은 없나요?"

그 한 문장이 나를 책상 앞에 붙들어 세웠다.

'내가 가진 경험이 누군가의 길을 조금 더 짧게 만들 수 있구나.'

그날 밤, 나는 멤버십 구조를 설계했고, 다음 주에 바로 실행했다. 리더십은 명함이 아니라 결정과 실행의 밀도에서 생긴다는 것을, 그때 처음 배웠다.

두 번째 '깨움'은 공간에서 왔다.

6평에서 24평, 다시 45평 강의장으로 확장하는 동안 나는 테이블의 폭과 빔프로젝터의 밝기, 와이파이의 안정성을 집요하게 점검했다.

"왜 이렇게까지 하세요?"라는 질문에 나는 대답했다.

"사람의 집중은 환경에서 출발해요." 리더는 방향만 제시하지 않는다. 수강생들이 제 실력 이상을 발휘할 수 있는 장(場)을 만들어 갔다. 그날부터 내 일의 정의가 바뀌었다.

> **"나는 콘텐츠를 파는 사람이 아니라,
> 성장을 설계하는 사람이다."**

세 번째 '깨움'은 수강생들에게서 왔다. 일흔의 할머니가 손주 영상을 직접 만들어 상영하던 날, 스크린 앞에서 오래 웃다가 조용히 눈물을 훔치셨다. 캡션 한 줄, 컷 전환 한 번이 누군가의 자존감을 일으키는 장면을 보며 깨달았다.

기술은 어렵지 않다. 어려운 건 마음을 다시 믿게 하는 일이다. 그때부터 강의의 목표를 바꿨다.

'툴을 익히게 하기'에서 '스스로 시작 버튼을 누르게 하기'로. 출판을 시작했을 때도 그랬다. 구청 민원실을 오가며 등록 서류를 묶던 여름, 재노북스 출판사 이름을 단 첫 ISBN이 발급되던 순간 손끝이 미세하게 떨렸다.

책은 결과물이 아니었다. 망설임을 밀어낸 행동의 증거였다. 한 저자가 교정지를 들고 "이제 진짜로 내 이야기가 세상에 나가요"라고 말하던 밤, 나는 리더십의 또 다른 정의를 배웠다.

먼저 믿어주는 사람, 그래서 타인의 시작을 가능하게 하는 사람.

물론 두려움도 많았다. 고금리와 대출 규제, 교육 시장의 변동, 온라인 알고리즘의 예고 없는 변화. 그래도 버틸 수 있었던 이유는 분명했다. 방향을 잃을 때마다 나는 질문으로 돌아지금 당장 하나 실행할 수 있는 건 무엇인가?

- 지금 당장 하나 실행할 수 있는 건 무엇인가?
- 이 결정이 사람을 더 강하게 만드는가?
- 내가 아니라 우리가 성장하도록 설계했는가?

이 질문은 매번 나를 일으켜 세웠다. 덕분에 커뮤니티는 프로그램이 되었고, 프로그램은 교육원으로, 교육원은 1인 출판과 공간 비즈니스로 확장되었다. 확장이라 부르지만, 본질은 '사람의 가능성을 더 잘 담아내는 그릇 만들기'였다.

여성 창업 시대라지만, 현장은 여전히 질문으로 가득하다.

- "아이 돌보며 해낼 수 있을까요?"
- "경력 단절이 너무 길었어요"
- "지금 시작해도 늦지 않았나요?"

나는 강의장 맨 앞줄, 혹은 카톡 상담창에서 같은 답을 건넨다.

- "지금이 가장 빠릅니다." 그리고 하나를 더 덧붙인다.
- "혼자면 느립니다. 함께면 멀리 갑니다."

리더의 일은 선두에서 빛나는 것이 아니라, 뒤에서 등을 떠밀고 빈틈을 메우는 것임을 알기에.

공감 에세이 공동 저서 프로젝트를 시작한 이유도 같다.

- "당신의 문장 하나가 누군가의 다음 걸음을 만든다."

원고가 멈출 때는 전화로, 문장이 흔들릴 때는 수정으로, 용기가 꺼질 때는 함께 쓰는 방식으로 마지막까지 붙들었다. 리더십은 스포트라이트가 아니라 완결까지 동행하는 체력이라는 것을, 우리는 집필 내내 배웠다.

이 길에서 내가 세운 세 가지 원칙이 있다.

첫째, 빠르게 시작하고 꾸준히 고친다. 완벽한 출발보다 지속 가능한 반복이 더 멀리 간다.

둘째, 수치로 점검하고 이야기로 설득한다. 매출·참여율·완강률을 확인하되, 사람을 움직이는 건 결국 서사다.

셋째, 나부터 배우고, 가장 늦게 포기한다. 리더의 권위는 지위가 아니라 최후까지 남는 책임감에서 온다.

가끔 묻는다. "리더가 된 여성의 비결이 뭔가요?" 나는 비밀을 알지 못한다. 다만 확신은 있다.

리더는 완성형이 아니라, 매일 깨어나는 존재라는 것.

오늘도 강의장 의자를 정렬하고, 스튜디오 조명을 점검하며, 다음 교육 과정을 설계한다. 누군가의 첫 시작이 내 책상 위에서, 내 메시지에서, 내 손의 체크리스트에서 가능해지길 바라며.

오늘도 깨어난다. 창밖은 아직 어둡다. 커피가 식기 전에 오늘의 실행 리스트를 적는다. 오픈톡 공지, 교안 개편, 신간 교정, 지국장 코칭, 취업 연계 미팅. 작은 체크가 쌓일수록 마음이 밝아진다.

리더십은 거창한 선언이 아니라, 사소한 실천의 누적임을 나는 안다. 여성 리더의 길은 특별하지 않다. 다만 단단하게, 다정하게, 끝까지 걷는 길이다. 그리고 나는 오늘도 그 길 위에서 깨어난다. 나 혼자가 아니라, 함께 일어나는 우리를 믿으며.

- 원페이지스쿨 대표
- 『원페이지 가계부』 저자 / 자산관리 시스템 특허 보유
- 금융경제교육 전문강사 (초·중·고·성인 전 계층)
- 청소년 경제저서 『부자가 된 제경이의 용돈관리법』

"재무관리 교육의 대중화를 이끄는 금융문해력 전문강사"
윤영애 작가는 자산관리 교육 전문 브랜드 '원페이지스쿨'을 운영하며, 어린이부터 성인까지 전 세대를 아우르는 맞춤형 금융교육을 실천해오고 있습니다.

윤영애

나는 두 번 미쳐봤다

윤영애

나는 두 번 미쳐본 적이 있다. 한 번은 야구였고, 한 번은 보험이었다. 고등학교 2학년, 그 시절 나는 야구에 미쳐 있었다. 처음엔 그저 한 사람에게 빠진 것이었다.

'박찬호'라는 이름을 뉴스에서 들었고, 대한민국 청년이 미국 메이저리그에 진출했다는 사실이 신기하게 다가왔다. 나와 몇 살 차이도 나지 않았다. 그렇게 관심을 갖고 경기를 보기 시작했다.

그런데 이상했다. 박찬호를 보기 위해 켠 TV였는데, 어느새 나는 '야구 그 자체'에 빠져 있었다. 나는 경기 하나를 보면 다음날 스포츠신문 네 개를 샀다. 같은 경기를 두고도 기자마다 전혀 다른 시선으로 분석하고 기사를 쓴다는 것이 놀라웠다. 같은 피칭을 두고도 '잘했다', '못했다'는 식으로 견해가 엇갈리기도 했다.

어떤 기자는 투수의 흐름만을, 어떤 이는 심판의 오심 중심으로, 또 어떤 이는 관중의 표정을 기사로 담았다. 돌아보면 나는 이 시절을 통해 '비교 분석'의 힘을 길렀는지도 모르겠다. 그렇게 평범한 여고생이었던 나는 야구를 '기록'만 보는 사람에서 '맥락'을 읽는 사람으로 바뀌어 갔다.

　미국의 메이저리그는 아메리칸 리그와 내셔널 리그의 양대 리그로 구성돼 있다. 나는 두 리그의 거의 모든 팀과 감독, 선수들의 성향과 데이터를 외우다시피 했다.

　모두가 박찬호 오빠의 경쟁자들이었기에, 나는 그들을 알아야 했다. 그래야 LA 다저스와 우리 찬호 오빠의 경기 전략을 세울 수 있었기 때문이다.

　하루 종일, 낮이고 밤이고 정말이지 야구만 생각하고, 야구 영상만 보았다. 그 시절 박찬호의 경기 녹화 비디오테이프만 30개가 넘었다. 그렇게 야구에 미쳐 살던 어느 주말, 두 살 위의 친오빠와 함께 생중계로 경기를 보던 중이었다.

　나는 답답한 마음에 "이제 5회인데, 저러면 투수 교체해야지!"라고 외쳤다.

　그런데 아니나 다를까, 내 말이 떨어지기가 무섭게 감독이 그라운드로 올라가는 것이 아닌가. 내 머릿속에서 시뮬레이션하던 장면이 그대로 현실에서 일어난 순간이었다. 그때 오빠가 한마디를 던졌다.

　"오~ 윤영애, 야구 좀 볼 줄 아는데?"

그 순간, 야구는 더 이상 내게 단순한 취미가 아니었다.

몰입, 집중, 분석, 예측… 그 모든 것이 내 일상이 되었다. 나는 LA Dodgers 구단으로 무려 88주 연속, 매주 손편지를 보냈다. 국제 우편비를 모으기 위해 아르바이트도 했다. 그러다 기적 같은 일이 벌어졌다. 팬레터를 처음 보냈던 그 해 크리스마스. 박찬호 오빠로부터 크리스마스 카드가 도착했다.

나는 내 두 눈을 의심했다.

분명히 찬호 오빠의 이름이 적힌 카드였다. 내가 다니던 여고는 그날 난리가 났다. 그리고 곧 다가온 신년엔 신년 연하 카드가, 내 생일엔 생일 축하 카드가 왔다. 나는 무려 세 번이나, 나의 우상에게서 손편지를 받은 것이다. 우리 반 친구들은 철썩같이 믿었다. 나는 박찬호에게 시집갈 거라고.

그 찬란한 3통의 카드. 그건 누구보다 깊게, 미치도록 사랑했던 야구가 내게 준 보상이었다. 하지만 그런 열정은 후회를 남기기도 했다. 원하던 대학은 떨어졌다. 고2 여름에 빠진 야구에 대한 열정은 고3 때 절정에 달했고, 당연히 성적은 바닥을 쳤다.

그 시절 나의 꿈은 대한민국 최초의 '야구 전문 여기자'가 되는 것이었다. 그러기 위해서는 신문방송학과에 가야 했는데, 그 과는 성적이 상당히 높기로 유명했다. 기자가 되고 싶다면 공부를 열심히 했어야 했다. 하지만 나는 야구 공부만 미친 듯이 했다. 성적에 맞춰 아무 대학이나 가는 건 부모님이 허락하지 않으셨고, 나도 원치 않았다. 결국 몰래 재수를 시작했다. 그러던 와중, 내가 인생의 갈피를 못 잡고 있다고 느끼셨는지 부모님이 새마을금고 입사를 권유하셨다.

사실 처음에는 '1년 정도 일하며 등록금이나 벌자'는 마음으로 입사했다. 왜냐하면, 나는 신방과에 갈 거고, 내 꿈은 야구 기자였으니까. 하지만 인생은 언제나 예고 없이 방향을 튼다. 아버지의 사업 실패로 집안 형편이 어려워졌고, 나는 결국 계속 일을 하게 되었다.

새마을금고는 서민금융의 최전선이었다. 어려운 이웃들이 매일같이 창구로 찾아왔다. 하루하루를 버티며 살아가는 사람들이었다. 그들 중 상당수는 '보험 하나 없이' 살아가고 있었다.

사고를 당하고도 손 쓸 수 없는 사람들. 질병과 사건 사고로 삶이 무너진 가정들. 자식에게 기댈 수밖에 없는 노년의 어르신들. 그들을 보며 나는 다시 미치기 시작했다. 이번에는 '보험'에.

창구에서 일하던 중 우연히 본사의 공제(보험) 전단지를 보게 되었다. 좋은 상품 같아 고객 한 분께 권했는데, 바로 가입을 하셨다. 놀라움과 동시에 책임감이 밀려왔다.

'이분에게 제대로 된 설명을 했는가?' '내가 판매한 보험이 정말 도움이 될 수 있을까?' 그 순간부터 나는 보험을 파기 시작했다. 야구에 미쳤던 그 시절처럼, 또 한 번 미친 듯이 몰입했다. 내 나이 22살이었다.

내가 가장 뿌듯했던 순간은 한 할머니 덕분이다. 폐지를 주우며 손녀를 홀로 키우던 분이었다. 아들은 집을 나가고, 초등학교 저학년 손녀만 남아 있었다. 그 할머니는 보험이 하나도 없으셨다.

'저러다 다치기라도 하시면 어쩌지…' 혼자 고민을 참 많이도 했었다. 어느 날, 용기를 내어 여쭈었다.

"할머니, 이거 한 달에 만오천 원도 안 되는 상해보험인데 하나만 들어보실래요?"

처음엔 단칼에 거절하셨다.

하지만 왠지 모를 사명감에, 할머니가 오실 때마다 말씀드렸다. '이거라도 꼭 있어야 한다'는 생각이 굳건했다. 그리고 두어 달이 지난 어느 날, 할머니는 결국 가입하셨다. 그 해 겨울, 유난히도 추워서 길이 얼어붙은 날이었다. 할머니께서 폐지를 줍다 미끄러지셨고, 골절 진단을 받으셨다.

진단금은 60만 원.

그 돈으로 할머니는 두 달 동안 폐지를 쉬시면서도 손녀에게 따뜻한 밥을 해주실 수 있었다. 회복하시고 금고에 오신 어느 날, 할머니께서 내게 말씀하셨다.

"나는 그동안 하루만 쉬어도 손녀가 굶을까 봐 겁났거든. 그런데 이번엔 안 무서웠어. 그 보험금 덕분에."

나는 울컥했다.

보험이란 게 이런 거였구나. '월 만오천 원짜리 설계'가 한 사람의 삶을 붙잡을 수 있다는 걸, 처음으로 실감했다.

이후 나는 보험에 더욱 깊게 빠져들었다. 약관을 외우고, 고객의 상황에 딱 맞는 설계를 연구하고, '단 한 명이라도 더 돕겠다'는 마음으로 상담을 했다. 나는 지금도 보험을 팔고 있다. 하지만 '판매자'라고 생각해본 적은 없다. 나는 '전달자'이자, '보호자'이며, 때로는 '수호자'다.

야구는 내게 사람이 무엇에 미치면 얼마나 성장할 수 있는지를 알려줬고, 보험은 내게 사람의 인생을 지키는 일이 얼마나 뜨겁고 값진지를 가르쳐줬다. 나는 두 번 미쳐봤고, 두 번 다 살아났다. 그 열정이 오늘의 나를 만들었고, 내일의 나를 이끌고 있다.

그래서 나는 오늘도 달리는 것이 두렵지 않다. 그리고 그 미침을 통해, 나는 한 가지를 더 확실히 깨달았다. 사람이 진심으로 무언가에 빠져들고 몰두하면, 그 경험은 단지 지식을 넘어서 기준을 바꿔놓는다.

야구를 미치도록 파고들며 '읽는 눈'이 생겼고, 보험을 미친듯이 공부하며 '살리는 손'을 갖게 되었듯이, 나는 어떤 일을 시작할 때도, 자연스럽게 내 기준을 가장 높은 곳에 둔다.

목표는 항상 남들보다 한참 위에 있다. 그러다 보니, 내가 내 기준의 60~70% 정도만 이뤘다고 생각해도 주변에서는 90점짜리 결과처럼 평가되곤 한다.

이건 내가 미쳐본 사람이라 얻은, 삶의 보너스 같은 선물이다. 나는 안다. 사람은 자기가 어디까지 미쳐봤는가에 따라, 삶을 대하는 깊이와 방식이 달라진다는 걸.

그래서 나는 앞으로도 또 한 번, 기꺼이 미쳐보고 싶다. 나를 더 깨우고, 더 성장하게 할 그 열정이 어디에 있든지 간에.

- 동화작가 / 에세이 공저자
- 해달리 책방(재노북스 임프린트) 대표
- 대표작『탐정 리아 금빛 동전 사건』그림동화

김단아 작가는 끝나지 않을 것 같던 방황의 소음을 오래 관찰했고, 그 여정의 끝에서 만난 것은 화려한 해답이 아니라, 불필요한 욕망을 쓸어내는 조용한 빗자루 같은 고요였습니다. 방황의 끝을 도착지가 아니라 다른 모양의 시작으로 받아들이며, 불안에서 평온으로 이동하는 마음의 패턴을 성찰합니다.

김단아

끝나지 않을 줄 알았던 방황의 끝

김단아

　내 마음은 오래도록 떠돌았다. 스무 살 이후부터 오래도록 나는 내가 누구인지, 극과 극을 오가는 내 성격은 어느 쪽이 진짜인지 알 수가 없었다. 이런가 하면 저랬고, 저런가 하면 이랬다. 마음속에서 솟구치는 갈증과 불안을 안고, 내 안에서 나를 몰아내듯이 떠돌았다. 사람들 틈에 섞여 있다가 고요해지는 순간이 오면, 피로한 정신의 방황이 시작되곤 했다. 나는 늘 '나는 누구지?'에 대한 답을 찾으러 다녔다.

　마치 세상 어딘가에 나를 온전히 맞이해 줄 자리가 있을 것처럼. 하지만 기다리던 자리는 나타나지 않았고, 내 마음은 점점 무거워졌다. 스스로를 향한 불만이 내 안에서 거대한 소음을 만들었다. 그 소음 속에서 나는 내 자신의 목소리를 듣지 못했다.

　그 무렵, 나는 단체심리상담 교육을 받았다. 자신을 찾기 위한 마지막 시도 같은 것이었다. 첫 시간에 강사가 말했다. "자신의 정체성을 나타내는 닉네임을 적어보세요." 다른 사람들이 '희망', '새출발' 같은 단어들을 적는 동안, 나는 주저 없이 펜을 들었다. "묘비명 방황의 끝."

그 순간 나조차 놀랐다. '묘비명'이라니. 이 얼마나 극단적인 표현인가. 마치 내 방황이 죽어야만 끝날 수 있다고 단정 지은 것처럼. 그 글자를 바라보며 깨달았다. 나는 얼마나 절망적으로 살고 있었던가. 방황의 끝을 죽음 이후로밖에 상상할 수 없을 만큼.

이상한 일이다. 그렇게 오랜 시간 불안에 매달려 있던 내가, 어느 날 문득 조용해진 순간이 찾아왔다. 특별한 사건도 없었고, 누군가의 위로가 기적처럼 내게 내려온 것도 아니었다. 그저, 나이가 내 어깨에 은은히 내려앉은 것뿐이었다. 마치 계절이 바뀌듯, 설명할 수 없는 흐름 속에서 평온해진 나를 발견했다. 그 평안은 화려하지 않았다. 불꽃놀이처럼 터져 오르는 기쁨도, 드라마의 결말처럼 극적인 해소도 아니었다.

오히려 소박한 저녁 식탁처럼, 익숙한 골목길의 가로등처럼, 말 그대로의 "평안" 그 자체였다. 나는 비로소 '끝나지 않을 것 같던 방황에도 저마다의 끝이 있구나' 하는 생각을 했다. 나를 괴롭히던 건 무엇이었을까? 내 안에서 부풀어 오른 결핍감도 있었다. 어린 날의 나는 언제나 '시간이 없어.'를 되뇌며 자신을 몰아세웠다. 남들보다 늦었다는 생각에 애쓰면서도 정작 내가 어디를 향해 가야 하는지, 나에게 맞는 길이 어딘지는 알지 못했다.

바람을 붙잡으려는 손처럼, 끝내 허공만 움켜쥐고 지쳐버리곤 했다. 그러나 나이가 들자 조금은 다르게 보였다. 세상의 기준을 향해 달리던 발걸음이 멈추고 나니, 나의 작은 것들이 눈에 들어왔다. 나는 세상의 기준과는 다른 나만의 기준이 있었음을 모르고 시간을 흘려보냈다. 하지만 지금은 이 소박함 속에서 기적 같은 평온을 느낀다. 고요는 어느 날 갑자기 찾아온 손님 같았다. 나는 그를 맞이할 준비도, 환영할 계획도 없었는데, 어느 순간 내 안을 차지하고 있었다.

재미있는 것은 나에게 그 고요가 결코 텅 빈 침묵이 아니라는 점이다. 내 마음을 정리해 주는 빗자루와도 같았다. 불필요한 욕망은 쓸어버리고, 남아 있어야 할 것들만 또렷하게 남겨두는, 아주 유능한 청소부였다. 이 느슨함이 나를 자유롭게 만들었다. 누구의 눈치를 보지 않아도 되는 여백, 무엇을 증명하지 않아도 되는 자리. 그 자리에 서 있을 때 비로소 깨닫는다. 방황이 끝났다고 말할 수 있는 건 내가 무언가를 얻었기 때문이 아니라, 더 이상 무엇에도 쫓기지 않기 때문이리라.

이제 나는 고요가 내 삶에 남긴 흔적을 바라본다. 돌이켜보면, 나는 오랫동안 "내 방황의 끝"을 간절히 기다려왔다. 끝이 나면 드디어 평안이 올 거라고, 모든 혼란이 정리될 거라고 믿었다. 그러나 막상 맞이한 끝은 내 예상과 달랐다. 끝은 도착지가 아니라 다른 모양의 시작이었다. 어쩌면 끝이라는 말 속에는 이미 '계속됨'이라는 속삭임이 숨어 있었는지도 모른다.

나는 이제 방황을 낭비라 생각하지 않는다. 그 시간이 있었기에 이 고요를 알아차릴 수 있었으니까. 방황이 없었다면 평온은 그저 지루함으로 보였을 것이다. 길을 잃어 헤매 본 사람만이, 집으로 돌아오는 길의 포근함을 안다. 내 안의 고단함이 평안을 위한 배경음악이 되어준 셈이다.

나는 여전히 완벽하게 평온하기만 한 건 아니다. 여전히 어떤 날에는 의미 없는 허무에 발목 잡히기도 한다. 그러나 예전처럼 커다란 혼동에 휩쓸리지는 않는다. 그저 "그래, 이런 날도 있지" 하고 웃으며 조금은 가볍게 흔들리며 넘길 수 있게 되었다.

뜻밖에 평안은 멀리 있지 않았다. 거창한 성취나 눈부신 전환점에 숨어 있지도 않았다. 그것은 내가 미처 눈여겨보지 않던 일상 속에서, 조용히 나를 기다리고 있었다. 그렇게 나는 깨닫는다. 끝나지 않을 것 같던 방황의 끝은 사실, 아주 가까운 곳에서 내가 스스로 허락하기만을 기다리고 있었다.

- 라이티티아플로 대표
- 플로리스트 / AI 윤리 강사
- 저서 『잘 되는 꽃집의 비밀』

서울 송파구 송리단길에서 '라이티티아플로' 꽃집을 운영하며 공간과 사람을 꽃으로 연결하는 브랜드를 만들어가고 있다. 『잘 되는 꽃집의 비밀』의 저자이자 AI 윤리 강사로서, 감성과 실무, 기술이 공존하는 시대의 이야기를 전하고 있다.

임전형

포기하려던 순간, 인생이 피어났다

임전형

"누군가의 하루를 바꿀 수 있는 꽃이 있다면, 나는 그런 꽃을 만들고 싶었다." 2017년, 마흔이 넘은 나이에 새로운 도전을 시작했다. 늦은 출발이 맞을까 고민했지만, 가위와 꽃잎 사이에서 떨리는 손을 달래며 첫걸음을 내디뎠다. 처음엔 손님이 거의 없었다. 오전부터 오후까지 꽃만 만지작거리며 하루를 보냈다. 수익은 미미했고, 월세를 내고 나면 남는 게 거의 없었다.

가게 앞에 서서 지나가는 사람들을 바라보는 시간이 많았다. 스마트폰만 보며 지나가는 사람, 꽃을 스치듯 흘끗 보고 지나가는 사람들. 그럴 때마다 마음이 쓰라렸다. 꽃을 다듬는 손은 여전히 서툴렀다. 실수로 꽃잎을 잘라버리면 한숨이 절로 나왔다. 처음부터 모든 게 어려웠지만, 그래도 손을 멈출 수는 없었다. 그러던 중 코로나가 찾아왔다. 거리는 텅 비었고, 주문은 뚝 끊겼다. 가게를 닫아야 하나 진지하게 고민했다. 하지만 포기할 수 없었다.

꽃을 만지고 있으면 세상이 잠시나마 아름다워 보였기 때문이다. 작은 꽃 한 송이가 누군가의 하루를 바꿀 수 있다는 믿음이 나를 버텨내게 했다. 어느 날, 한 손님이 말했다. "여기 꽃을 받으니 마음이 참 따뜻해지네요." 그 한마디에 하루 종일 쌓인 피로가 눈 녹듯 사라졌다. 눈물이 날 뻔했다. 그제야 깨달았다.

나는 단순히 꽃을 사고파는 사람이 아니었다. 사람의 감정을 전하는 사람이었다. 꽃은 그저 식물이 아니라 마음의 언어였다. 손님이 남긴 웃음, 짧은 편지 한 장, 고맙다는 인사 모두가 내 하루를 채우고 있었다. 물론 쉽지 않았다. 물류 문제며 시세 변동, 까다로운 손님 요구까지. 하루에도 몇 번씩 좌절했고, 가끔은 울기도 했다.

그래도 꽃을 놓지 않았다. 손에 흙이 묻고 손끝이 베여도 계속했다. 꽃이 주는 위로가 나를 붙잡고 있었기 때문이다. 시간이 흐르면서 손님들과 깊은 인연을 맺게 되었다. 결혼식과 장례식, 기쁨과 아픔의 순간을 함께 나누었다. 손님이 친구가 되고, 때로는 가족 같은 사이가 되기도 했다. 어린 아이가 초등학교에 입학하고 고등학교를 졸업하는 모습을 지켜봤고, 단골 손님들의 연애와 결혼, 출산까지 함께 경험했다. 어느 주말, 작은 결혼식에 꽃을 장식했다. 신부가 눈물을 글썽이며 말했다. "꽃이 정말 예뻐요. 평생 잊지 못할 날이 될 것 같아요."

집으로 돌아오는 길, 혼자 차를 몰며 생각했다. 왜 이렇게 힘들게 꽃 일을 하는 걸까. 돈 때문은 아니었다. 사람들의 기억 속에 아름다운 순간을 남기고 싶은 마음 때문이었다. 꽃잎 하나하나를 정성스럽게 다듬으며 깨달았다. 인생은 언제 시작해도 늦지 않다.

꽃처럼 천천히, 조금씩 피어나면 된다. 늦은 도전도 충분히 의미 있다. 힘든 날에는 가게 한쪽에서 혼자 울기도 했다. 그 눈물 속에서 지나온 시간을 돌아봤다. 좌절과 실수, 실패와 고생. 모든 것이 지금의 나를 만들었다.

손님이 오지 않는 조용한 날에는 꽃과 무언의 대화를 나누었다. 꽃은 대답하지 않았지만, 그 고요한 침묵 속에서 위로를 받았다. 2025년인 지금도 나는 여전히 꽃을 만지고 있다. 지난 8년 동안 많은 것을 잃었고, 또 많은 것을 얻었다. 손님들과 나눈 인연, 새로 만난 친구들, 그리고 무엇보다 나 자신에 대한 이해. 삶은 계속 피어난다는 소중한 깨달음을 얻었다. 꽃집은 단순한 가게가 아니다.

내 삶의 기록이고, 감정의 보물창고다. 꽃을 통해 사람들과 연결되고, 나 자신도 더 깊이 이해하게 되었다. 이제는 손님의 마음만이 아니라 내 감정에도 귀를 기울인다. 꽃을 다듬는 순간, 마음이 차분해진다. 기쁜 날도 슬픈 날도, 모든 순간이 꽃과 함께 흘러간다. 늦게 시작했지만 후회하지 않는다. 꽃은 내 삶을 진짜로 살게 해주었다. 손님들과 나눈 감정, 눈물과 웃음. 그 모든 것이 내 삶을 꽃피운 자양분이 되었다. 오늘도 나는 꽃을 놓지 않는다. 작은 희망이 필요하기 때문이다.

누군가의 오늘, 나의 내일, 우리 모두의 일상. 그 희망은 꽃 속에서 조용히 피어난다. 꽃을 어루만지는 손길 속에서 깨달았다.

고생과 실패는 의미 없는 게 아니다. 그 속에서 우리는 배우고 자란다. 꽃처럼, 나도 계속 피어나고 있다. 이제 나는 꽃과 함께 천천히 늙어간다. 손님들이 남긴 따뜻한 마음, 내 가슴 속 소중한 기억들. 그 모든 것이 내 삶의 아름다운 풍경이 되었다. 꽃집은 내 마음의 정원이다. 꽃을 계속 붙잡고 사는 이유는 단순하다. 오늘의 누군가에게, 내일의 나에게, 작은 희망이 필요하기 때문이다. 꽃은 그 희망을 조용히 전해준다. 나는 그 희망을 품고 하루하루를 살아간다.

- 새움북스 출판사 대표
- (사)국제미디어예술협회 인천 지부장

"AI 그림동화작가이자 AI 미디어 아티스트"
이성미 작가는 AI 기반 그림동화 창작과 미디어 아트를 중심으로 활동하며, 디지털 출판과 전시, 실습형 교육을 통해 창작과 실무를 연결하고 있습니다.

이성미

공허에서 피어난 나의 두 번째 삶

이성미

나는 아주 이른 나이에 결혼을 했다. 스무 살을 갓 넘긴 어느 날, 인생은 마치 정해진 대본처럼 흘러갔다. 아이를 낳고, 밥을 짓고, 빨래를 하고, 가족을 돌보는 일. 그것이 나의 하루였고, 곧 인생의 전부가 되었다. 그렇게 30년을 주부로 살아왔다.

큰 굴곡도, 두드러진 불행도 없이 평온한 날들이 이어졌다. 겉으로 보기엔 누가 봐도 '잘 살아온 인생'일지 모른다. 아이들은 무사히 자라 주었고, 집안도 단정하게 꾸려졌다. 그런데 문득, 인생을 돌아보는 어느 날. 설명할 수 없는 공허감이 마음 깊은 곳에서 피어올랐다.

"그게 정말, 내가 이룬 삶일까?" 가족을 위해 헌신한 세월은 분명 값지고 의미 있었다.

하지만 그것이 곧 '나의 성취'라고 말할 수 있을까. 아이들이 잘 자라준 건 분명 고맙고 기쁜 일이지만,

그건 결국 그들 스스로의 몫이기도 했다.

남편이 일터에서 벌어온 돈으로 꾸려온 가정 역시, 내 손으로 일군 무언가는 아니었다.

그래서 더욱 생각하게 됐다. 내 이름으로 남긴 흔적은 과연 무엇일까. 나라고 말할 수 있는 성취는, 어디에 있는 걸까. 그 물음은 차츰 남편을 향한 감정으로 번졌다.

별다른 잘못이 없음에도, 괜히 미움이 일었다. 쌓여 있던 서운함은 어느 순간 터져 나왔고,

우리는 매일같이 언성을 높였다. 날카로운 말이 그의 마음을 할퀴었고, 그 순간만큼은 진심으로 미웠다.

지금 돌아보면 그 감정이 온전히 '미움'이라고는 할 수 없지만, 그때의 나는, 참 외롭고 힘들었다.

그리고 이혼이라는 단어가 처음으로 머릿속에 스쳤다. 하지만 두려움이 먼저 밀려왔다. 남편의 수입으로 살아온 내가, 과연 이혼 후에 어떻게 살아갈 수 있을까.

당장 먹고사는 일조차 막막했다. 현실은 냉정했고, 자립 없는 나는 한없이 작고 초라해 보였다.

자신감은 무너졌고, 스스로를 향한 자책만 깊어졌다. "나는

너무도 부족한 사람이다." 그 무너진 마음 위에, 조심스레 공부를 얹기 시작했다.

무엇부터 시작해야 할지 몰라 많은 시행착오를 겪었고, 돈은 흘러나가고 손에 잡히는 건 없었다.

그러다 우연히, AI라는 세계를 만났다. 낯설고 어렵게만 느껴졌지만, 하나씩 배워가는 사이

나는 그 안에 점점 빠져들었다.

AI로 그림을 그리고, 동화를 쓰고, 책을 함께 만드는 기회까지 얻게 되었다. 비록 공저였고, 아직은 서툴렀지만 그건 내 이름으로 남긴 첫 번째 성취였다. 처음으로, 내 삶에 '작가'라는 이름이 생겼다.

이어 미디어 아트라는 또 다른 세계가 열렸다.

협업을 통해 전시에 참여하게 되었고, 코엑스 K-POP 광장의 미디어에 내 작품이 상영되는 순간을 맞이했다. 며칠 밤을 새우며 몰입했지만, 동시에 "차라리 다 포기하고 쉬고 싶다"는 생각도 들 만큼 지치기도 했다.

그럼에도, 나는 알았다. 그저 공허하게 흘려보낸 시간으로는

더는 돌아가고 싶지 않다는 것을.

그래서 끝까지 버텼다.

두 번의 협업, 전시의 마무리, 그리고 그 마지막 순간. 모니터 속에서 흐르던 내 작품을 바라보며

나는 숨을 멈춘 듯한 벅참을 느꼈다. 남편은 반 장난처럼 "작가님~" 하고 나를 불렀다. 예전 같았으면 어이 없어 했겠지만, 이젠 그 말에 살짝 미소 짓는다.

그는 내게 진심을 담아 말했다.

"정말 대단하다."

"멋지다."

그 한마디 한마디가, 오랫동안 공허했던 내 마음을 조금씩 채워주었다. 무엇보다 중요한 건 나 자신이다. 예전의 나는 "나는 아무것도 못 해", "나는 부족해" 스스로를 끊임없이 깎아내리던 사람이었다.

지금의 나는 다르다. 나는 배우고 있고, 해내고 있고, 앞으로도 해낼 사람이다. 작은 성취들이 쌓이며 내 마음은 조금씩 충만

해졌고, 행복도 그렇게, 차오르기 시작했다. 이제는 더 큰 꿈을 꾼다. AI와 미디어 아트의 길을 조금 더 깊이 파고들고 싶다. 상상의 날개를 더 멀리 펼쳐, 내 안의 세계를 끝없이 확장하고 싶다. 그리고 언젠가, 그 여정의 길 위에서 당당하게 걸어가는 나를 마주할 수 있기를.

 오늘도 나는, 한 걸음 더 내딛는다. "나는 여전히, 성장하는 중이다."

PART 2

관계 속에서 배우다

- (주)커넥트인 대표
- 연금·증여 설계 전문가
- ESG 기업경영 컨설턴트 및 복지문화 전략가
- 스타트업·중소기업 대상 지속가능경영 브랜딩 코치
- 『한국미디어창업뉴스』 인터뷰 전문 경제·문화 기자

"연금·증여 설계 전문가이자 ESG 경영컨설턴트, 그리고 사람을 기록하는 CEO 인터뷰 전문기자"
윤하솜 작가는 연금·증여 설계 전문가로, 은퇴 설계와 자산 이전을 고민하는 중소기업 CEO와 고령 경영인을 대상으로 노후 리스크에 대비한 실질적 재정 전략과 복지 설계를 하고 있다.

윤하솜

너는 사춘기니? 엄마는 갱년기야

윤하솜

아들이 사춘기에 들어서면서 집 안의 공기는 달라졌다. 문을 쾅 닫는 소리가 커졌고, 대화는 짧아졌다. 눈은 자주 피했고, "엄마, 제 방 들어오지 마요."라는 말이 낯설게 들렸다.

"그래, 알겠어." 말은 그렇게 했지만, 마음은 매번 서운했다. 며칠 전까지만 해도 "엄마~" 하며 품에 안기던 아들이었다. 그 아들이 이제는 눈을 마주치지 않았다.

그 무렵, 내 몸에도 알 수 없는 변화가 시작됐다. 이유 없이 열이 오르고, 별일 아닌데도 눈물이 났다. 병원에서는 담담하게 말했다. "갱년기세요." 그 말이 이상하게 아들의 사춘기와 겹쳐 보였다. 나는 갱년기, 아들은 사춘기. 둘 다 불안했고, 이유도 몰랐다.

그러던 어느 날, 학교에서 전화가 왔다. "어머님, 아드님이 친구와 다투다 경찰 신고가 들어왔습니다."

손에 쥔 커피가 바닥에 떨어졌다. 교무실에서 마주한 아들은 입을 굳게 다물고 있었다. 교사의 말은 들리지 않았다.

'내가 뭘 잘못 키운 걸까. 언제 이렇게 변한 걸까.' 그날 이후, 집은 더 조용해졌다. 나는 말을 아꼈고, 아들과의 거리는 점점 멀어졌다.

며칠 뒤, 또 사건이 있었고 결국 아들은 대안학교로 옮기게 되었다. 그날 밤, 방에서 나오지 않는 아들의 문 앞에서 나는 한참을 울었다. "왜 네가 이러는지 모르겠다. 그냥 엄마가 미안하다." 그 말이 문틈을 넘어 닿았는지 알 수 없었다.

대안학교 첫날, 교정 앞에 선 아들은 낯설었다. 후드티 모자를 깊게 눌러쓴 채, 무표정한 얼굴로 서 있었다. "엄마, 그냥 가세요." 그 한마디에 나는 돌아설 수밖에 없었다. 버스 창밖으로 멀어지는 아들의 뒷모습이 희미해졌다.

시간이 흘러도 연락은 뜸했다. 그저 '무사히 다니는가' 정도만 전해 들었다. 그러던 어느 저녁, 낯선 번호로 전화가 왔다.

"엄마, 나예요." 오랜만에 듣는 목소리였다.

"학교 선생님이랑 요리 수업했는데, 내가 만든 카레가 제일 맛있대요." 순간 아무 말도 할 수 없었다. "그래, 잘했네." 그날 밤, 오랜만에 깊이 잠들었다. 아들이 다시 '무언가를 만들고 있다'

는 사실이 이유 모를 희망처럼 가슴을 덮었다.

며칠 후, 주말에 집에 온 아들이 갑자기 주방으로 들어왔다.

"엄마, 내가 카레 만들어줄게요." 기름이 튀고 양파 냄새가 가득 찼지만, 그저 그 순간이 좋았다. "맛있어요?"

"응, 네가 만든 음식이잖아." 그 말에 아들이 처음으로 웃었다. 그 웃음은 오래전 사라졌던 아기의 미소와 똑같았다.

그날 깨달았다. 사춘기와 갱년기 사이의 전쟁터에도 결국 사랑이 남는다는 걸. 나는 그때 처음으로 '이 아이를 믿어야겠다'고 생각했다. 내가 흔들리면 아들도 흔들린다. 엄마의 불안은 곧 아이의 불안이었다.

며칠 뒤, 나는 아들에게 조심스레 말했다. "학교 며칠 쉬고, 네가 진짜 하고 싶은 걸 엄마랑 해볼래?"

아들은 잠시 고민하더니 뜻밖의 말을 꺼냈다.

"엄마, '음플릭스' 알아요?"

"그게 뭐야?"

"오페라 소개하는 유튜브 채널이에요. 요즘 그거 자주 봐요. 엄마, 우리 같이 볼래요?"

나는 처음 들었다. 아들이 오페라를 좋아한다는 걸 전혀 몰랐다. 그동안 나는 아들이 게임과 친구들밖에 모른다고 생각했다. 그런데 그건 내가 본 아주 작은 조각이었을 뿐이었다.

그날 밤, 우리는 나란히 앉아 '음플릭스' 영상을 함께 봤다. 무대 위의 노래와 조명, 관객의 숨죽인 표정이 화면 가득했다. 오페라가 끝날 때마다 아들은 짧게 설명을 덧붙였다.

"이 장면은 주인공이 용서받는 장면이에요. 음악이 슬프죠?"

그의 눈빛이 오랜만에 반짝였다.

"엄마, 나 오페라 진짜 한 번 보고 싶어요."

그 말이 이상하게 가슴을 울렸다. 나는 망설이지 않았다. 다음 날 새벽, 우리는 서울행 기차를 탔다.

소극장에 앉아 오페라를 관람하는 아들의 모습은 내가 알던 그 아이가 아니었다. 무대 위의 선율이 흐를 때마다 아들은 고요히 숨을 고르며 집중했다. 그 얼굴은 문제를 일으키던 소년의 얼굴이 아니라, 음악에 몰입하는 한 사람의 얼굴이었다. 공연이 끝난 뒤, 아들이 조용히 말했다.

"엄마, 음악 들을 때는… 세상이 좀 멈추는 것 같아요."

그 한마디가 내 마음을 흔들었다. 나는 대답 대신 아들의 손등을 살짝 감쌌다. 그날, 음악은 우리 사이의 긴 벽을 천천히 허물었다.

돌아오는 길, 나는 깨달았다. 카레를 만들던 순간이 아들이 세상과 다시 연결되기 시작한 첫 신호였다면,

오페라를 보러 간 그날은 아들이 자신을 세상에 다시 드러낸 첫날이었다. 그리고 그때 알았다. 나는 내가 힘들다는 이유로 아들의 아픔을 제대로 보지 못했다는 것을.

아들은 자신의 상처를 엄마에게 말하지 않았다. 혼자 안고 가려 했다. 우리는 서로를 아프게 하려는 게 아니라, 오히려 지켜주고 싶어서 침묵했다. 나는 아들을 걱정시키지 않으려 애써 웃었고, 아들은 나를 힘들게 할까 봐 속을 감췄다. 우리는 서로를 위해 아픔을 참고 살고 있었다. 그 침묵이 오히려 우리를 멀어지게 만들었다.

이제 안다. 가족은 완벽한 관계가 아니라, 서툴러도 함께 아파할 수 있는 사람들이다. 사춘기와 갱년기, 두 불안의 교차점에서

나는 사랑의 또 다른 이름을 배웠다. 사랑은 화해가 아니고, 통제가 아니며, 누구 하나 완벽해지는 것도 아니다. 사랑은 서로를 기다려주는 일이고, 함께 견디는 용기다.

이제 나는 아들에게 잔소리를 덜 한다. 대신 이렇게 말한다.

"너는 사춘기니? 엄마는 갱년기야. 우리 그냥 같이 버티자."

그러면 아들은 피식 웃는다.

"엄마, 우리 둘 다 예민한 시기?"

그 대화가 참 고맙다. 예전의 문 쾅 닫는 소리는 사라졌고, 그 자리에 작은 대화와 웃음이 들어섰다.

돌이켜보면 나를 깨운 건 갱년기가 아니었다. 문제아로 낙인찍혔던 내 아들이 다시 웃던 그날이었다.

그 웃음이 나를 일으켜 세웠고, '엄마의 역할'이란 정답이 아니라 기다림이라는 걸 알려주었다. 그리고 나는 이제 안다. 사랑은 완벽함이 아니라, 끝까지 함께 견디는 일이라는 걸.

- 대전·세종 YWCA 경제 교육 강사
- 한국도박문제예방치유원 대전센터 전문교육 강사
- 마약퇴치운동본부 대전센터 소속 강사
- 위드글로비아 협회 소속 강사 성폭력·흡연·마약 예방 교육
- 어린이경제신문 경제 교육 강사

대전 지역을 중심으로 활동하는 N잡러이자, 청소년과 성인을 위한 교육 전문가입니다.그녀는 예방 교육(성폭력·중독 등), 인성 교육, 다문화 교육 등 사회적 가치가 높은 교육 분야에서 활발히 활동하며 교육을 통해 삶의 변화와 성장을 이끌어내는 실천적 교육가로 자리매김하고 있습니다.

육현정

시끌벅적 아홉 식구, 그 안에서 자란 나

육현정

　우리 집은 언제나 시끌벅적했다. 할머니, 아버지, 어머니, 그리고 여섯 남매. 누군가는 울고, 누군가는 웃고, 또 누군가는 소리쳤다. 조용한 날은 단 하루도 없었지만, 그 소란 속에 따뜻함이 있었다. 나는 그 소리들 속에서 자랐다.

　할머니는 꼬장꼬장한 옛날 분이었다. 세상이 아무리 변해도 쪽진 머리에 비녀를 꽂으시며 말씀하셨다. "여자가 머리를 함부로 자르면 복이 달아난다."

　할머니의 세계에는 질서와 원칙이 있었다. 손자인 오빠를 유난히 아끼셔서 고기 반찬은 늘 오빠 앞에 놓였다. 내가 그걸 집어 들면 "그건 손자 먹을 거야!" 하시며 숟가락으로 내 손등을 살짝 치셨다. 그때는 억울했지만, 지금은 그마저도 사랑의 방식이었다는 걸 안다.

　할머니는 늘 나를 깨웠다. "세상은 공평하지 않아도, 사랑은 여전히 남는다." 그 진실을 할머니의 손등에서 배웠다.

아버지는 깔끔하고 멋스러운 분이었다. 하얀 와이셔츠와 반듯한 구두, 은은한 향수를 잊지 않으셨다.

술에 취한 날엔 꼭 먹을거리를 들고 들어오셨다. 어느 날 처음으로 피자를 사오셨던 날, 그 비싼 음식을 조심스레 조각 내어 나눠주시던 모습이 아직도 생생하다.

피자 맛은 기억나지 않지만, 온 가족이 웃으며 둘러앉았던 그 저녁의 온기는 지금도 내 마음 속을 환하게 비춘다. 아버지를 통해 배웠다. "행복은 특별한 날에 오는 게 아니라, 나눌 때 생긴다."

어머니는 강한 사람, 그리고 빠른 사람이었다. 시아버지 병수발을 하며 시집살이를 견뎌냈고, 누구보다 부지런히 가족을 지탱했다.

국수집에서 후루룩 면을 삼키던 엄마에게 "씹지도 않아요?" 묻자, "시간 아까워서 그래." 짧은 대답이었지만 그 말 안엔 책임감으로 살아온 한 여자의 인생이 담겨 있었다.

엄마는 나에게 말보다 '버팀'을 가르쳐 준 사람이다.

큰언니는 단정하고 꼼꼼한 성격이었다. 종이꽃을 정성껏 접어 내 방에 꽂아두던 사람.

둘째 언니는 착하고 믿음직했다. 월급 30만 원 중 5만 원을 내 학원비로 보태줬다. 그 따뜻한 손길이 지금의 나를 키웠다.

셋째 언니는 당차서 뭐든 해내는 사람이었다. 인형을 좋아해서 "성적 올리면 사주세요."하던 언니는 진짜로 약속을 지켰다. 그 모습을 보며 배웠다. "사람은 말이 아니라 행동으로 믿음을 남긴다."

그리고 오빠. 어릴 땐 늘 부러움과 질투의 대상이었다. 할머니의 사랑을 독차지했고, 사소한 일에도 다퉜다. 나는 늘 울며 엄마 품에 안겼다. 그런데 어른이 된 오빠는 달라져 있었다. 가족을 위해 묵묵히 일하고, 동생의 어려움에도 조용히 손을 내밀었다.

그 모습을 보며 깨달았다. "사랑받은 사람은 결국 사랑할 줄 아는 사람으로 자란다." 어릴 적의 질투는, 나를 더 깊게 사랑하게 만든 씨앗이었다.

나는 여섯 남매 중 '조용한 아이'였다. 크게 나서지 않고, 다투지 않고, 그저 바라보며 기억했다.

가족의 소리를 기록하는 사람, 그것이 내 자리였다. 엄마의 병간호가 힘들어 결혼을 택했지만, 그 선택이 곧 행복의 완성은 아니었다.

그럼에도 그 시절, 가족 사이에서 울고 웃던 나는 지금의 나를 단단하게 만들어준 '씨앗 같은 시간'이었다.

막내는 언제나 귀여웠지만, 성인이 되어 "형제자매가 많아 아무도 나에게 신경 안 썼어."라고 했다.

그 말이 오래 마음에 남았다. 가족의 따뜻함 속에서도 누군가는 외로울 수 있다는 것, 그 단순한 진실을 그때 처음 깨달았다.

그래서 지금도 나는 먼저 연락한다. "밥은 먹었어?" "괜찮아?" 가족은 피보다 관심으로 이어진다는 걸, 이제야 제대로 알게 되었기 때문이다.

가끔 피자 냄새가 나면 그날의 저녁이 떠오른다. 아홉 식구가 둘러앉아 웃던 풍경. 세상 어떤 잔칫상보다 따뜻했던 우리 집 식탁. 그 시절의 소란이 지금의 나를 만들었다.

돌이켜보면 가족은 나에게 가장 큰 깨움의 교사였다. 할머니는 인내를, 아버지는 나눔을, 어머니는 강인함을, 형제들은 사랑과 용서를 가르쳐 주었다. 나는 그들의 틈에서 배우며, 조금씩 '나'라는 사람으로 자라났다.

"가족은 나를 가장 먼저 깨우고, 끝까지 일깨워주는 존재다."

- 반려동물 소중한 숨 연구소 소장
- (주)예펫코리아 대표
- (주)예예코리아 대표

세빈 작가는 반려동물의 '소중한 숨'을 지키는 일을 삶의 중심에 두고 연구하고 실천해온 반려동물 생명연장 전문가입니다. 단순히 반려동물을 사랑하는 수준을 넘어, 그들의 숨과 건강, 그리고 존엄한 삶의 질을 과학적으로 연구하며, '펫 프렌들리'한 사회가 진정으로 무엇을 의미하는지 끊임없이 고민해왔습니다.

박세빈

그 아이가 내 하루를 바꿔놓았다

박세빈

1장 '샤이의 숨, 나의 연구가 되다'

아침마다 나를 깨우던 건 알람이 아니라, 샤이의 움직임이었다.
늘 같은 자리, 내 곁에서 잠들던 샤이는
아침이 되면 조심스레 몸을 일으키곤 했다.

낮은 숨소리가 이불 끝을 간질이고,
작은 발이 매트 위를 사각사각 옮길 때
나는 눈을 떴다.

눈앞에는 언제나 익숙한 코끝이 다가와 있었다.
샤이는 말없이 나를 바라보곤 했다.
"이제 일어나야지, 오늘도 같이 아침 맞자."
그 눈빛이 그렇게 속삭이던 시간들이 아직도 생생하다.

샤이는 내 하루의 시작이자 끝이었다.
출근 전 허둥지둥 세수하는 나를 따라다니며 꼬리를 흔들고,
퇴근 후 현관문을 열기도 전에 낑낑대며 반기던 그 모습 하나면

하루의 피로가 눈 녹듯 사라지곤 했다.

가끔 생각했다.
이 아이는 나를 얼마나 사랑할까.
그리고 나는 이 아이에게 얼마나 의지하고 있을까.
누군가에게 나를 온전히 내보일 수 있는 시간이 있다면,
그건 샤이와 눈을 맞출 때였다.
말이 통하지 않아도 마음은 통했다.

샤이의 눈동자 속에는 늘 내가 있었다.
지치고 초라한 날에도, 그 아이는 변함없는 눈빛으로 바라보았다.
'괜찮아, 오늘도 잘했어.'
그 한마디를 대신해주는 눈빛이었다.

언젠가 친구가 말했다.
"세빈아, 너 샤이 없으면 못 살 것 같아."
혼자 있을 때 그 말이 떠올랐다.
'정말 그렇다. 나는 샤이 없이는 못 산다.'

그러던 어느 날, 문득 샤이의 숨소리가 달라진 걸 느꼈다.
예전보다 짧고, 가빠진 호흡.
그 작은 숨 하나가 내 마음을 흔들었다.
그날 이후 나는 샤이의 숨을 지키고 싶었다.

'이 아이의 생명을 더 오래, 더 편하게 지켜줄 방법은 없을까.'
그 질문이 내 연구의 시작이었다.

하지만 시간이 흘러, 이제 샤이는 내 곁에 없다.
그 아이는 내 품을 떠났지만, 그 숨은 내 안에 남아 있다.
나는 여전히 샤이의 숨을 연구한다.
그 아이에게서 배운 사랑이, 지금은 수많은 반려동물의 생명으로 이어지고 있다.

나는 이제 반려동물의 숨, 순환, 심박, 온도, 산소를 연구하며
그들의 생명을 더 오래, 더 건강하게 이어가는 방법을 찾고 있다.
샤이에게서 배운 사랑이 내 사명이 되었다.

샤이는 내게 '숨을 지킨다는 건, 삶을 지킨다는 것'을 가르쳐 주었다.
그래서 나는 오늘도 연구실에서, 제품 속에서, 그리고 보호자의 마음 속에서
아프고 나이많은 아가들을 위한 해답을 찾고 있다.

우리에게 기쁨을 주고, 살아갈 이유가 되어주는 반려동물들이
조금이라도 더 오래, 더 편하게, 더 행복하게 숨 쉴 수 있도록.

그게 샤이가 남기고 간 나의 길이다.
샤이는 이제 내 곁엔 없지만,

내 연구 속에서, 그리고 세상 모든 반려동물의 숨 속에서
여전히 살아 숨 쉬고 있다.

2장 '샤이에게 보내는 마지막 고백'

샤이가 세상을 떠난 뒤 한동안 나는 모든 소리를 잃은 듯했다.
발걸음 소리, 그 작은 숨결, 밥 먹는 소리…
모든 게 멈춘 공간에서, 나는 오히려 '숨'이라는 단어를 다시 떠올렸다.

보이지 않지만 분명히 존재하는 것,
사라진 뒤에야 그 가치를 깨닫는 것 — 바로 '숨'이었다.

그때부터 나는 마음속으로 다짐했다.
"누군가의 샤이가 다시는 아프지 않도록,
다시 조금이라도 더 오래 숨 쉴 수 있도록."

그 한 문장이 내 연구의 방향이 되었고,
지금의 나는 그 약속을 지키기 위해 살아간다.

나는 반려동물의 산소 순환, 심박 안정, 체온 유지, 그리고 미세한 생리 변화를 연구한다.
이 작은 신호들을 읽어내면, 생명이 보내는 도움의 요청을 더 빨리 들을 수 있다.

그 기술과 데이터, 그리고 감정이 모여
나는 '숨 연구'를 통해 반려동물의 생명을 연장하는 일을 하고 있다.

이 일은 단순한 과학이 아니다.
사랑의 다른 형태다.
보호자의 불안, 상실, 그리고 희망을 함께 연구하는 일이다.

나는 믿는다.
"생명연장"이라는 말은 단순히 시간을 늘리는 것이 아니라,
'사랑이 머무는 시간을 연장하는 일'이라고.

샤이가 내게 남긴 건 슬픔이 아니라 '사명'이었다.
그 아이의 숨은 멈췄지만, 그 의미는 내 안에서 계속 살아 움직이고 있다.

그래서 나는 오늘도 반려동물의 숨을 연구한다.
지금 이 순간에도 누군가의 곁에서
작은 발로 매트를 사각사각 걷고 있을 또 다른 아이들을 위해.

나는 그들의 숨을 기록하고, 그들의 생명을 이해하며,
그 사랑이 끊어지지 않도록 다리를 놓고 있다.

언젠가 이 연구가 완성되면,

언젠가 누군가가 말하겠지.
"덕분에 내 아이가 오늘도 숨 쉬고 있어요."

그 말을 듣는 순간,
나는 다시 샤이의 눈을 떠올릴 것이다.
"괜찮아, 오늘도 잘했어."
그 눈빛이 말해주던 그대로.

샤이는 떠났지만,
그 아이는 내 연구 속에서, 내 삶 속에서
여전히 살아 있다.
그리고 나는 오늘도, 그 숨을 잇는 일을 한다.

- 재노북스 출판사 대표 겸 수석편집장
- AI기업교육 전문강사 겸 교육학 박사
- 한국미디어창업뉴스 대표 겸 수석편집장
- (사)서울국제광고영화제 대표이사 겸 수석연구원
- 재노스쿨 & 미디어창업아카데미 평생교육원 원장

"AI기업교육 전문강사이자 디지털 미디어 아티스트"
윤서아 작가는 AI기업교육 전문강사이자 디지털 미디어 아티스트로서 동화책부터 웹툰까지 다양한 분야에서 일러스트 디자이너로 활동하며 장르소설 및 웹소설을 꾸준히 연재하고 있습니다.

김유라

주말 침대 위 두 남자

김유라

매일 아침, 살냄새를 부비며 들어오는 두 남자가 있다. 한 남자는 몽글몽글 귀여운 살냄새를 풍기고,

다른 한 남자는 짙은 머스크 향을 남긴다. 주말 아침이면 늦잠 자는 나를 가만두지 않는다. 작은 남자는 포근한 이불 속으로 파고들며, 내 배 위에 올라탄다.

"엄마, 일어나~ 아빠가 팬케이크 굽는대!" 그 말에 웃음이 터지지만, 눈은 아직 뜨기 싫다. 큰 남자가 그 옆에서 장난스럽게 덧붙인다. "우리 막내가 벌써 부엌 냄새 맡았네?" 나는 이불 속에서 몸을 웅크린다.

이때 만큼은 나도 아이가 된다. 두 남자의 체온이 나를 감싸는 주말 아침의 의식. 그렇게 한참을 버티다 보면, 결국 패배는 늘 내 몫이다. 작은 손이 내 볼을 잡아당기고, 큰 손이 커피 향을 들이민다.

"오늘은 일찍 일어나야 돼요, 여왕님." 결국 나는 눈을 뜬다.

햇살이 커튼 사이로 비집고 들어와 세 사람의 머리칼 위에 떨어진다. 식탁 위엔 토스트와 계란 프라이, 그리고 모양이 제각각인 팬케이크가 쌓여 있다. 아이의 손자국이 묻은 반죽이 구워질 때마다 '가족'이라는 단어의 냄새가 퍼진다.

남편은 아이에게 뒤집개를 쥐여주며 말한다.

"팬케이크는 사랑이야. 한 면만 굽지 말고, 반대쪽도 꼭 굽는 거야."

아이는 그 말을 잘 이해하지 못하지만, 나는 그 문장에 묘하게 마음이 따뜻해진다. 그래, 사랑도 그렇지. 한쪽만 뜨겁게 굽다 보면 금세 타버리고, 양면을 번갈아 구워야 노릇하게 익는다. 식사 후, 세 식구가 거실로 향한다.

남편은 커피를, 아이는 초코우유를, 나는 미지근한 홍차를 든다. TV에서는 아이가 좋아하는 만화가 흘러나오고, 남편은 소파에 몸을 묻는다. 나는 그 사이에서 두 남자의 체온을 나란히 느낀다.

시간이 이렇게 느리게 흐르는 날이 또 있을까.

주중엔 서로를 스치듯 지나가지만, 주말엔 서로의 숨소리를 나눈다. 아이가 내 무릎을 베고 눕고,

남편이 아이의 머리칼을 쓰다듬는다. 그 사이에 나는 고요히 앉아 있다. 세상에서 가장 사랑스러운 냄새에 둘러싸여. 창밖으로 햇살이 부서지고, 부엌에선 아직 팬케이크의 달콤한 냄새가 남아 있다.

아이가 깔깔거리며 말한다.

"엄마, 우리 다음엔 하트 모양 해보자!" 남편이 대답한다.

"좋지. 하트 팬케이크는 엄마 몫이야." 나는 웃으며 대꾸한다.

"그래, 그럼 나는 그 하트를 굽는 여왕이 될게." 그렇게 또 하나의 주말이 익어간다.

살냄새, 커피향, 팬케이크의 달콤함이 뒤섞인 집. 이곳이 세상에서 가장 따뜻한 작은 행성.

나는 그 중심에서 눈을 감고 생각한다.

'이 사람들과 함께 늙어가는 일도 나쁘지 않겠다.'

- 디엠에스출판 대표
- 『한국창업미디어뉴스』 객원기자
- (사)서울국제광고영화제 제주총괄지부장 겸 선임연구원
- AI 그림동화 작가 / 디지털 콘텐츠 교육 전문가

이은순 작가는 AI 기반 그림동화 창작과 디지털 콘텐츠 교육을 선도하는 AI 그림동화 작가이자 디지털 크리에이터입니다. 현재 제주를 기반으로 디지털 출판사 『디엠에스(DMS)출판』을 운영하며, 창작과 디지털 미디어 혁신을 위한 다양한 프로젝트를 이끌고 있습니다.

이은순

그 말들이 나를 깨웠다

이은순

소곤소곤, 재잘재잘. 계단을 닦던 내 귀에 낯선 울림이 스며들었다. 처음엔 그저 평범한 대화 소리로 들렸다. 그런데 그 속에 내 이야기가 있었다. 나는 그 순간, 걸음을 멈췄다. 동료 두 사람이 주고받는 말 속에서 나는 낯선 인물로 그려지고 있었다. 함께 어울리지 않는 사람, 묵묵히 혼자만의 길을 가는 사람.

설명되지 않은 빈틈은 곧 오해로 채워지고, 오해는 쉽게 이야깃거리가 되었다. 나는 그저 듣고만 있었다. 변명하고 싶지 않았고, 해명할 필요도 느끼지 못했다. 다만 묘한 감정이 남았다. 내가 존재하는 자리에서 내가 배제되는, 그 어색한 이질감.

사실 나는 달랐다. 잡담을 나누기보다는 책을 읽었고, 퇴근 후에는 곧장 집으로 돌아와 자기계발에 몰두했다. 점심시간에도 혼자 보내는 날이 많았다. 사람들과 다른 선택을 했을 뿐인데, 그것은 곧 "함께하지 않는다"라는 꼬리표가 되어 돌아왔다. 나는 차라리 그 꼬리표를 받아들이기로 했다. 하지만 그 무심한 대화가 내 마음을 흔든 것은 사실이었다.

시간이 조금 흐른 뒤, 더 직접적인 순간이 찾아왔다. 한 직원이 내게 다가와 날카로운 목소리로 말했다.

"인스타그램에 올린 거 봐신다. 썬크림 공구 피드. 왜 그런 걸 하냐고… 우울증 환자 처럼 보이고 지금 불안해 보인다고 물어 왔다. 내가 무엇을 잘못 했고 나에게 말을 건낸동료에게 어떤 피해를 주었을까? 라는 생각이 들었다.

순간 숨이 막혔다. 그 말은 칼처럼 내 마음을 베어냈다. 어처구니 없는 당혹감이 뒤섞였지만, 나는 아무 대꾸도 하지 못했다. 단순한 SNS 활동이 누군가의 눈에는 '이상함'으로 보였고, 그것이 곧 내 존재 전체를 부정하는 언어로 변해 있었다.

그러나 바로 그 사건이 내 인생을 바꿔 놓았다. 남의 시선과 판단에 흔들리는 삶이 얼마나 위태로운지 절실히 깨달았다. 그 날 이후 나는 다짐했다. 남이 규정해 놓은 삶이 아니라 내가 주체가 되는 삶을 살겠다고.

나는 미화직으로 8년간 근무했다. 젊은 나이에 남들이 꺼리는 일을 택했다는 이유로 종종 의아한 시선을 받았다. 하지만 그 일은 내게 부끄러움이 아니라 자부심이었다. 매일 같은 계단을 오르내리며 묵묵히 먼지를 닦아내는 반복 속에서 나는 성실과 인내를 배웠다. 세상은 알아주지 않았지만, 그 시간은 내 내면을 단단하게 다져주었다.

그러나 시간이 갈수록 마음속 질문은 커졌다. "나는 여기서 무엇을 배우고 있나? 앞으로 어디로 가야 하는가?" 그리고 마침내 지난해 11월, 퇴사를 결심했다. 안정된 자리에서 내려오는 일은 쉽지 않았다. 매달 들어오는 월급, 익숙해진 일과, 예측 가능한 하루. 그 모든 것을 버리고 나선 길은 불확실하고 두려웠다. 하지만 한 가지는 분명했다. 더 이상 남의 말에 갇혀 살고 싶지 않겠다는 것이다.

퇴사 이후의 삶은 낯설었다. 프리랜서라는 타이틀은 자유로웠지만 동시에 불안정했다. 그러나 그 불안은 나를 더 치열하게 만들었다. 나는 배움을 이어갔다. 책을 읽고, 강의를 듣고, 새로운 기술을 익혔다. 그렇게 시간을 쌓아 올리다 보니 어느새 나는 디지털 배움터의 보조 강사로 서 있었다.

처음 강의실 앞에 섰을 때, 목소리가 떨렸다. "내가 잘할 수 있을까?" 하지만 곧 깨달았다. 미화직으로 지낸 시간들이 결코 헛되지 않았다는 것을. 계단을 닦던 그 꾸준함, 반복 속에서도 무너지지 않던 성실함이 내가 선택한 일에 고스란히 스며들어 있었다.

돌이켜보면, 나를 깨운 순간들은 언제나 불편함 속에서 찾아왔다. 동료들의 뒷담화, 억울한 오해, 차가운 지적. 그 순간들은 내 마음을 흔들었지만, 동시에 새로운 길로 이끌었다. 만약 그런 경험들이 없었다면 나는 여전히 같은 자리에 머물러 있었을 것이다.

이제 나는 제2의 인생을 준비하고 있다. 더 이상 남의 입에 오르내리는 존재가 아니라, 내 목소리를 내는 삶을 살고자 한다. 누군가의 말에 무너지는 대신, 그 말을 디딤돌 삼아 일어서는 삶. 그것이 내가 선택한 길이다.

나를 깨운 순간들은 아프고 낯설었지만, 결국 내 삶을 다른 방향으로 이끌어 주었다. 소곤거림은 여전히 어딘가에서 이어질 것이다. 그러나 이제 나는 안다. 그 소리가 나를 무너뜨리는 것이 아니라, 더 단단히 세우는 바람이라는 것을.

지금은 그렇게 나의 이야기를 하던 동료들도 가벼운 인사를 건넬 수 있는 만큼의 마음도 편안 해졌다.

내 이야기는 내가 쓴다. 내가 살아낸다. 언젠가 누군가에게 전해질 내 이야기가 더 이상 소문이 아닌 존중의 언어로 남기를 바란다. 그리고 그날이 오면, 나는 말할 것이다.

"그 모든 순간들이 나를 깨웠다고."

PART 3

나를 찾아가는 시간

방황 속에서도 성장의 의미를 찾아 글로 기록하는 사람.
방황과 실패 속에서도 자신만의 성장 속도를 믿는,
글로 스스로를 다독이고 그 시절의 나를 위로하듯
누군가의 마음에도 닿고 싶은 상담사이자 작가.
삶의 속도를 남과 비교하지 않고, 스스로의 걸음으로 살아가는
이야기를 전한다.
불안과 실패를 솔직히 마주하며, 그 안에서 성장의 단서를
발견해 간다.
한때 서툴고 막막했던 자신을 위로하듯, 지금의 누군가에게도
'괜찮다'는 말을 건네고자 한다.
완벽하지는 않지만, 꾸준히 나아가고 있는 당신의 오늘을
응원하며—

남지현

서른이지만, 성장 중입니다.

남지현

어렸을 적 서른은 나에게 굉장한 어른처럼 느껴졌었다. 앞자리 숫자가 3이라니, 얼마나 성숙한 모습일까? 소설과 티브이 속 서른 무렵의 사람들은 이미 무언가를 이루어내고 인생을 멋있게 살아가는 모습들로 가득했다. 그때 아마 그런 생각을 했었던 것 같다.

"나도 저런 어른이 되고 싶어!"

시간이 조금 흘러 나의 20대 초중반은 내 인생 암흑기라고 부르고 싶을 만큼 남들을 향한 질투와 스스로를 향한 미움으로 점철되어 있었다. 글 하나만 바라보며 무작정 서울로 떠났던 날, 생각과 달랐던 시작을 견디지 못해 이름표를 두고 도망치듯 뒷걸음을 친 순간은 처음 맛본 실패 그 자체였다.

처음 느낀 실패는 상당한 좌절감을 안겨 주었다. 내 주변 누구는 전공을 살려 취업을 했다는데, 왜 나는 그게 안 되었지? 또 누구는 장학금을 다 받아 빚이라고는 없는 출발을 했다는데, 왜 나는 벌써 떠안게 된 빚이 있지? 내가 싫었고, 무얼 해야 할지 몰라 막막했다. 돌파구가 필요했다.

　매일 통통 부은 눈으로 하루를 보내던 나에게 유일한 힐링은 서점에서 에세이를 읽는 것이었다. 글을 업으로 삼는 것이 두려워 달아났으면서, 위로는 글에게 받는다는 것이 참으로 웃겼다. 그렇지만, 그때에는 꽤나 간절했다. 의미없이 책을 넘기다 눈에 꽂히는 문장이 있었는데, 지금은 흐릿하지만 선명히 기억나는 문장은 "일단 좋아하는 것을 해라."

　그 후 홀린 듯이 커피 학원을 등록해서 바리스타 자격증을 취득했다. 라테 아트를 배우며 하트를 그릴 때, 탬핑에 따라서 추출을 내리는 사람에 따라서 에스프레소 맛과 향이 달라진다는 것을 알았을 때 눈이 초롱초롱해지고 심장이 뛰는 것을 느꼈다. 나만의 카페를 차리고 싶다. 제 2의 꿈이 생긴 것이다.

　카페 일을 시작하고 서툰 칼질에 손 베이는 것은 일상이고 진상 손님 맞이에 기를 다 뺀 경험도 잦았지만, 온몸에 커피 향이 배는 것도 새로운 음료는 개발해 보는 것도, 단골 손님들과 이런저런 사는 이야기를 나누는 것도 나에게는 커다란 행복이었다.

　하지만 행복은 채 2 년을 넘기지 못했다. 20대 후반 매니저 직급을 달았는데도 불구하고 회의감이 들었다. 커피를 만드는 일도 즐거웠지만, 당장의 내가 할 수 있는 또 다른 일이 있을 것 같았다. 막연한 생각은 삽시간에 번져 머릿속을 가득 채워 버렸고,

나는 또 한 번 방황의 길에 섰다.

일단 좋아하는 것을 하라고 해서 커피를 배웠는데, 지금의 나는 무얼 해야 하지? 똑같은 불안을 세 번은 겪고 싶지 않았다. 이번에는 실패하고 싶지 않았다. 20대 초반의 내가 그랬었던 것처럼, 또 다시 서점을 찾아 에세이를 읽었다. 해답을 찾지는 못했지만, 마음을 안아 주는 위로는 받으며 새로운 직업을 알아보았다.

그리고 현재의 나는, 정착하지 못해 수없이 혼란을 겪고 직업을 여러 번 바꾸었던 과거를 딛고 누군가의 진로를 컨설팅 하며 그들이 가장 꿈꾸는 곳에 닿을 수 있도록 돕는 일을 하게 되었다. 방향성을 잡아 주며, 면접 답변을 코칭해 주며 그 시절 많이 울고 힘들어하던 내가 떠올랐다. 전공과 다른 직무를 희망하는 이의 불안을 공감할 수 있고, 한 번의 실패 이후 이직을 희망하는 이의 막막함을 위로할 수 있고, 아이러니하게도 낭비했다고 느낀 적 있었던 내 시간들이 지금의 나를 도와주고 있다.

꼭 필요했던 순간들인 것처럼. 성숙을 위한 미성숙의 성장 과정이었던 것처럼. 깨달은 순간, 실패는 더 이상 실패로 느껴지지 않았다. 추락해 보고, 떨어져 보았기 때문에 더 높이 날아갈 수 있다. 안주하지 않고 나아가고 싶다. 무작정 커피 학원 문을 두드렸던 20대 초반의 나도, 처음 듣는 직업에 망설이기도 잠시, 자격증 취득을 하려고 독서실을 끊은 20대 중반의 나도, 무모함이 아니라 찬란한 용기였다는 것을 이제는 안다.

그렇다면 지금의 나는 멋진 어른이 되었을까?

나는 또 한 번의 도전을 준비하고 있다. 이번 도전 또한 쉽지 않을 것이고, 그 과정에서 절망하거나 속상함을 느낄 것을 알기에 선뜻 반갑지는 않지만 그럼에도 용기를 내 보고 싶다.

누구보다 치열했고, 누구보다 게을렀던 나는 아직 구두보다 운동화가 편하고 퇴근 후 들이켜는 시원한 맥주보다는 달달한 아이스크림이 좋다. 그저 숫자가 바뀌는 것뿐이라고, 무언가를 하기에 더없이 좋은 나이라고. 이제는 책이 아닌, 내가 글을 쓰며 나를 토닥인다.

어릴 적 내가 바라던 커리어우먼 같은 서른은 없지만, 방황하는 서른도 괜찮은 것 같다.

7살 딸을 홀로 키우는 싱글맘으로, 무너짐 속에서 다시 삶을 배운 사람. 믿었던 사람에게 사기를 당해 전 재산을 잃고, 2025년 33살의 나이에 파산했지만, 무너진 삶 속에서도 '감사'를 붙잡으며 '삶의 의미'를 다시 써 내려가기 시작했다. 지금은 매일의 작고 소중한 기적을 기록하며 감사와 마음의 회복을 주제로 글을 쓰고 있고, "어제보다 조금 더 나은 오늘"을 꿈꾸는 사람들에게 따뜻한 위로와 희망의 이야기를 전하고 있다. 그녀의 글은 슬픔을 희석시키지 않는다. 대신 그 안에서 피어난 '다시 살아가려는 마음'을 노래한다.

유한나

2025년, 33살. 나는 파산했다

유한나

감사로 다시 깨어난 인생의 시작점. 33살, 나는 파산했다. 7살된 딸 아이를 홀로 키우며 잘 살고 싶었던 나의 욕심때문이었을까. 믿었던 사람으로부터의 사기로 나는 하루아침에 내 이름 석자에 '채무자'라는 꼬리표를 달게 되었다.

그 사람의 말은 정교했고, 따뜻했고, 나를 안심시켰다. '이번 한 번만 도와주면, 같이 일어나자'던 말에 마음을 내어주었다. 하지만 그가 사라진 날, 내 모든 것도 함께 사라졌다.

통장에 있던 돈은 단 며칠 만에 비워졌고, 남은 건 빚뿐이었다. 세상은 여전히 아무 일도 없는 듯 돌아가는데, 나만 멈춰 있는 것 같았다.

내 이름으로 된 대출, 카드, 보증… 서류 속 '유한나'라는 이름이 점점 내게 낯설게 느껴질 정도였고, 그 모든 숫자들이 내 존재의 무게가 되는 것 같았다.

밤이 가장 괴로웠다. 눈을 감으면 그 얼굴이 떠오르고, 눈을 뜨면 공포가 현실로 다가왔다. 33살이면 뭔가는 이루고 있을 줄 알았다. 그런데 나는 아무것도 없었다. 돈도, 자신감도, 믿음도.

그때의 나는 이 세상에 살아야할 의미도 느끼지 못하고, 하루에도 열두 번씩 자신을 깎아내렸다.

33살이면 이제 어른이니까, 스스로를 지켜야 할 나이니까, 더 이상 울면 안 된다고 다짐했지만 어떤 날은 그냥 무너져버렸다. 내 안에 있던 모든 자존심이 흩어졌다.

그렇게 바닥까지 내려갔을 때, 어느 날, 우연히 한 문장을 읽었다. "감사는 기적을 불러온다." "감사는 기적을 만든다."

"감사합니다"라는 말이 처음엔 너무 잔인했다. 지금 모든 걸 잃은 이 상황에서 나에게 감사할 수 있는 것이 있을까, 내가 대체 뭘 감사해야 한단 말인가 생각이 들었다. 하지만 그 문장은 묘하게 내 마음에 남았고, 내가 붙잡을 수 있는게 아무 것도 없어서 감정 없는 감사라도 하기 시작했다.

"오늘 숨 쉴 수 있어서 감사합니다."

"밥 한 끼 먹을 수 있어서 감사합니다."

"하루를 버텨내서 감사합니다."

처음엔 이게 무슨 위안이 되겠냐 싶었다.

그런데 이상하게도, '감사합니다'라고 쓰는 순간만큼은 진짜 감사할 일들이 생길 것만 같은 기분이 들었다. 감사는 현실을 바꾸지 않았지만, 나를 바꾸었다.

"오늘도 감사할 게 있을까?"

그 질문을 던지며 나는 매일 노트에 감사를 적었다. 억지로 쥐어 짜낼 때도 있었지만, 하루하루가 조금씩 달라졌다. 감사할 게 없던 내 인생이, 조금씩 다르게 보이기 시작했다. 복지기관의 지원, 아이의 따뜻한 미소, 친구의 걱정어린 안부 문자, 이 모든 게 나에게 '살아 있음'을 알려주는 신호 같았다.

그리고 신기하게도, 그 무렵부터 예상치 못한 일들이 일어나기 시작했다. 생각지도 못한 곳에서 정말 딱 필요한 만큼의 돈이 들어오기도 하고, 나에게 필요한 지원 물품이 들어오기도 했다. 나는 불안한 마음으로도 감사했고, 두려운 상황 속에서도 감사하려 했다.

그러자 세상은 내게 조금씩 다른 얼굴을 보여주기 시작했다. 그전까지는 '없음'에만 집중했던 내가, 이제는 '있는 것'을 보기 시작했다. 그 변화가 내 삶의 방향을 완전히 바꾸었다.

파산은 내 인생의 끝이 아니라, 깨어남의 시작이었다. 지금도 나는 완벽하지 않다. 가끔은 여전히 불안하고, 불과 6개월 전의 파산의 기억이 스쳐가면 마음이 저린다. 하지만 이제는 지금의 나에게 이렇게 말해주고 싶다.

"괜찮아, 너는 잘 버텼어. 그 고통이 너를 더 깊고 아름다운 사람으로 만들었어." 감사 노트는 지금도 내 곁에 있다. 하루의 끝마다 노트 한 페이지에 감사를 적는다.

"오늘도 쓰러지지 않아서 감사합니다."

"사랑하는 사람과 웃을 수 있어서 감사합니다."

"오늘 하루, 살아 있어서 감사합니다."

그 문장들은 내 삶의 기도이고, 내가 다시 깨어나게 한 주문이다. 33살, 나는 파산했다. 하지만 그 무너짐 덕분에 나는 진짜로 '살아 있는 나'를 만났다. 감사는 절망을 희망으로 바꾸는 가장 단순한 기적이었다.

그날의 파산이 아니었다면, 나는 결코 지금의 나로 깨어나지 못했을 것이다. 감사는 끝이 아니라, 다시 시작하는 용기의 언어다.

- 재노북스 출판사 대표 겸 수석편집장
- AI기업교육 전문강사 겸 교육학 박사
- 한국미디어창업뉴스 대표 겸 수석편집장
- (사)서울국제광고영화제 대표이사 겸 수석연구원
- 재노스쿨 & 미디어창업아카데미 평생교육원 원장

"AI기업교육 전문강사이자 디지털 미디어 아티스트"
윤서아 작가는 AI기업교육 전문강사이자 디지털 미디어 아티스트로서 동화책부터 웹툰까지 다양한 분야에서 일러스트 디자이너로 활동하며 장르소설 및 웹소설을 꾸준히 연재하고 있습니다.

강 별

나는 하루에 한 번, 마음을 필사한다

강별

사람은 무언가에 진심으로 빠져들어야만, 자기만의 기준을 세울 수 있다는 것.

필사는 내게 '듣는 마음'을 가르쳐 주고 있다.

요즘 나는 하루에 한 번, 조용히 필사를 한다.

누군가의 문장을 베껴 쓰는 일이지만, 그 시간은 온전히 나의 내면과 만나는 시간이다.

펜을 잡고 첫 글자를 쓰기 시작하면, 세상의 소음이 멀어진다.

머릿속의 복잡한 생각들이 잉크에 녹아 사라지고, 문장의 리듬에 맞춰 호흡이 고르게 정돈된다.

처음엔 그저 단지 예쁘게 글씨를 써보고 싶어서, 좋은 문장을 저장하고 싶어서 시작했다.

그런데 이상하게도 손끝을 움직일수록 마음이 가벼워지고 맑아졌다.

누군가의 문장을 따라 쓰는 건, 그 사람의 생각을 빌려 내 마음을 치유하는 일 같았다.

어떤 문장이 내 마음의 문을 두드릴 때면, 밑줄을 긋고 잠시 멈추게 된다.

"나는 왜 이 문장에 이렇게 오래 머무는 걸까?"

그때 비로소 내 마음의 방향을 알게 된다.

나는 필사를 명상의 일종이라고 생각한다.

한 글자, 한 글자, 천천히 적어 내려간다.

손끝이 느끼는 잉크의 흐름, 종이의 결, 펜촉을 따라 부딪히는 미세한 소리까지 의식한다.

그 작은 감각들이 내 안의 소란을 잠재운다.

누군가의 글을 베끼고 있지만, 사실은 내 마음을 다시 쓰고 있는 일이다.

가끔은 내가 쓴 문장에 밑줄을 긋는다.

그건 단순히 마음에 와닿는 문장이 아니라, 글에 투영되어 내 안에서 대답이 일어난 문장이다.

예를 들어, '어떠한 순간에라도 포기하지 않고 이겨낸다면 그 자체로 경이로운 존재가 된다.'라는 문장을 썼을 때, 나는 조용히 고개를 끄덕이며 응원을 받는다.

그래, 맞아. 지금 살아있다는 것만으로도 경이로운 존재네. 오늘의 순간에 집중하며 살자.

필사는 그렇게 나를 다독이는 방법이 되었다.

살다 보면 누구나 방향을 잃는다.

해야 할 일은 많고, 마음은 늘 어딘가 쫓긴다.

그럴 때 나는 필사 노트를 펼친다.

다른 이의 문장을 따라 쓰며, 내 마음의 길을 다시 그린다.

펜 끝에서 문장이 태어날 때, 나도 조금씩 다시 태어나는 기분이 든다.

예전엔 '열정'이란 말이 뜨거운 불길 같다고 생각했다.

그런데 지금의 열정은 뜨거운 불길이 아니라 '잔잔한 불빛' 같다. 은은하게 지속할 수 있는 힘 말이다.

필사는 내 안의 작은 등불을 켜는 일이다.

크게 타오르지 않아도 좋다.

그 불빛 하나면 오늘을 살아낸다면, 그걸로 충분하다.

하루에 한 문장이라도 좋다.

오늘의 나를 붙잡아주는 문장을 만나면 그걸 필사한다.

어떤 날은 짧은 시 한 구절을, 어떤 날은 에세이 한 단락을, 다른 날은 내 안의 이야기를 쓴다.

그리고 가끔은 베껴 쓰는 글과 덧대어 내가 쓴 문장도 함께 적는다.

'오늘은 마음이 조금 흔들렸다.'

'괜찮다. 내일은 더 좋은 날일 거야.'

그렇게 내 삶이, 내 문장이 되어간다.

누군가는 묻는다.

"그렇게 매일 쓰면 뭐가 달라지나요?"

나는 조용히 웃으며 말한다.

"달라지는 건 세상이 아니라, 나의 시선이에요."

필사를 시작한 뒤로, 나는 사람을 더 오래 바라보게 되었다.

말보다 표정이나, 행동보다 숨결을 읽으려 한다.

글을 쓴다는 건 결국 사람을 읽는 일이니까.

필사는 마음의 온도를 읽게 했다.

나는 이제야 안다.

삶에 큰 목표도 소망함도 좋지만, 우선은 하루하루의 리듬을 어떻게 쌓느냐에 달려 있다는걸.

그 리듬이 나에겐 필사다.

하루에 단 몇 분이라도, 문장을 따라 쓰는 시간.

그 시간 속에서 나는 다시 중심을 잡고, 내 안의 목소리를 듣는다.

오늘도 필사 노트를 펼친다.

손끝이 기억하는 필사습관, 머리가 아닌 가슴으로 읽으며 써 내려간다.

누군가의 문장이 내 마음의 문을 두드린다.

그 문장을 천천히 따라 쓰며, 나는 또 한 번 나를 만나러 간다.

이제는 안다.

필사는 나를 다시 나에게로 데려온다는걸.

그래서 나는 오늘도, 하루에 한 번 마음을 필사한다.

나에게 필사는 내 영혼에 영감을 채우는 일이자 나의 작은 쉼이다.

- 재노북스 출판사 대표 겸 수석편집장
- AI기업교육 전문강사 겸 교육학 박사
- 한국미디어창업뉴스 대표 겸 수석편집장
- (사)서울국제광고영화제 대표이사 겸 수석연구원
- 재노스쿨 & 미디어창업아카데미 평생교육원 원장

"AI기업교육 전문강사이자 디지털 미디어 아티스트"
윤서아 작가는 AI기업교육 전문강사이자 디지털 미디어 아티스트로서 동화책부터 웹툰까지 다양한 분야에서 일러스트 디자이너로 활동하며 장르소설 및 웹소설을 꾸준히 연재하고 있습니다.

김미경

그리고 나는, 나로 다시 살기로 했다

김미경

결혼 전과 후의 인생은 완전히 달라졌다. 나만 바라보는 세 명의 아이들, 그 아이들은 내 삶의 이유이자 힘이 되었고, 하루하루는 오롯이 그들을 위해 존재했다. 잘 키우고 싶었다. 그 욕심 하나로 밤낮을 가리지 않았다. 엄마라는 이름으로 살았고, 때로는 그 이름이 나를 버티게 했다. 하지만 세월은 빠르다.

언제 그렇게 시간이 흘렀을까. 이제 그 아이들은 다 자라 어른이 되어 있다. 나의 손길이 없어도 스스로 삶을 꾸려가는 모습을 바라보며 문득, 인생의 새로운 변곡점을 느꼈다. 이제는 내가 나를 돌봐야 할 시간. 누군가의 엄마로서가 아니라, 한 사람 김미경으로서 다시 살아야 하는 두 번째 인생의 문 앞에 서 있었다.

그 즈음, 삶은 내게 또 한 번의 신호를 보냈다. 생각보다 조용하게, 그러나 단호하게.

이른 아침, 검진을 받기 위해 병원으로 향했다. 평소와 다르지 않은 하루였다. 조용한 대기실, 기계음, 간호사의 안내, 그냥 매년 반복되는 정기검진일 뿐이었다. 그런데 초음파를 보던 의사가 손을 멈췄다. 그 짧은 순간의 정적이 이상하게 길게 느껴졌다.

"이 부분이 조금 이상하네요. 조직검사를 받아보시는 게 좋겠습니다." 그 말 한마디가 내 일상을 갈라놓았다. 조직검사, 생검, 결과 통보. 모든 과정은 익숙한 듯, 그러나 낯설게 흘러갔다.

며칠 뒤, 의사의 입에서 나온 한마디. "갑상선암입니다." 순간 세상이 멈췄다. 귀로는 들리는데, 마음이 이해하지 못했다. '암이라고요? 저요? 왜요? 제가요?' 수없이 되뇌었지만 결국 그 말은 현실이 되어 내 앞에 놓였다. 그날 집으로 돌아오는 길, 눈물이 나지 않았다. 그저 멍했다.

어디선가 들려오는 차 소리, 사람들의 웃음소리, 모든 게 평소와 같았지만 세상은 더 이상 같은 세상이 아니었다. 그날 이후, 내 삶은 조금씩 달라졌다. 먹는 것 하나, 잠드는 습관 하나까지 모두 다르게 느껴졌다.

몸보다 마음이 더 아팠다. '나는 이제 어떻게 살아야 할까.' 그 질문이 매일 나를 따라다녔다. 하지만 이상하게도, 시간이 조금씩 지나면서 내 안에 아주 작은 변화가 자랐다. 겁보다 감사가 먼저 찾아왔고, 두려움보다 생명이 주는 기적에 집중하기 시작했다.

암은 나를 무너뜨리러 온 게 아니라 나를 깨우러 온 손님이었다. 내가 그동안 얼마나 바쁘게, 얼마나 나를 돌보지 않고 살았는지 그제야 선명하게 보였다. 매일 아침, 거울 앞에서 속삭인다. '미경아, 이제는 너를 먼저 사랑해도 돼.' 이 병이 내게 알려준 건 단 하나, 인생은 생각보다 길지 않다는 것이다. 그리고 남은 시간은 누구를 위해서가 아니라 나 자신을 위해 살아야 한다는 것.

이제 나는 엄마로서의 인생을 넘어 한 사람의 '나'로 다시 서고 있다. 세 아이가 내게 삶의 이유였다면,

이제 나는 나 자신이 그 이유가 되려 한다. 지금의 나는 두려움보다 감사로 하루를 시작한다. 작은 바람에도, 따뜻한 햇살에도, 살아있음이 새삼 기적처럼 느껴진다. 그리고 나는 오늘도, 그때의 깨달음을 기억하며 이렇게 다짐한다.

"삶은 언제나 나를 시험하지만, 그 끝에는 반드시 내가 깨어난다."

20년차 공무원, 두 아이의 엄마이며 브런치 작가.
아이가 태어나면서 아이가 가지고 노는 '오뚜기' 장난감에 매료되었습니다. 오뚜기처럼 일어나 오래전 잃어버린 꿈을 다시 꾸게 되었고, '이번에는 절대 놓치지 않을거야', 라는 각오로 글을 쓰고 있습니다. 출간저서로는 『2막이 더 빛나는 인생 디자인(공저),『역행자 다이어트』가 있으며, 생이 허락하는 날까지 지구별에 사는 '곧 나이자 당신'을 위해 격려와 위로의 메세지를 전하고자 합니다.

구은혜

지금 행복하세요?

구은혜

지금은 중학생인 아들이 초등학교 3학년 때 이렇게 말했다.

"엄마, 준이네 삼촌도, 이모도 다 공무원 시험 준비하고 있대. 그런데 엄마는 공무원인데 왜 행복해 보이지 않아요?"

그 한마디가 나를 멈춰 세웠다. 애써 공부하고, 원하던 직장에 들어갔는데도 행복하지 않다면, 그동안의 수고와 인내는 어떤 의미였을까. 아찔한 마음이 밀려왔다.

세상을 향해 꽃망울을 틔우는 아이 앞에서 피곤하고 지친 얼굴을 보이는 것은, 내가 원한 모습이 아니었다. 사랑하는 사람에게 그런 모습으로 기억되고 싶지 않았다. 그날 이후, '행복해지는 것'이 인생의 가장 중요한 목표가 되었다.

엄마의 행복이 자연스럽게 아이에게 전해지길 바랐다. 새벽잠을 줄이고 출근 전 책을 읽기 시작했다.

직장 안팎의 독서 모임에도 참여했다. 전에는 단조롭게 흘러

가던 일상이 이때부터 달라졌다. 책을 읽다 보면 문득 "아!" 하고 외칠 때가 많았다. 책 속에는 내가 몰랐던 세계가 있었고, 작기만 했던 내 세상은 점점 넓어졌다.

어느새 나는 주변 사람들과 '행복'에 대해 이야기하고 있었다. 내가 발견한 기쁨을 나누고 싶었다. 특히 올해 2월, 일만 하던 형부가 갑작스럽게 세상을 떠나고, 언니마저 마음을 추스르지 못해 휴직을 하게 되었을 때 더욱 절실해졌다. 우리는 정말 원하는 삶을 살고 있을까. 하고 싶은 일을 하며 살고 있을까.

짧은 인생을 오직 '일'만 위해 보내도 되는 걸까. 그런데 두 사람과 행복에 대해 이야기했을 때, 반응은 예상 밖이었다. 한 사람에게서는 절교당할 뻔했고, 또 다른 한 사람과는 한동안 연락이 끊겼다. 가족에게 "행복해 보이지 않아"라는 말을 들었던 나는, 그들의 입장도 어렴풋이 이해할 수 있었다.

피 한 방울 섞이지 않은 타인에게, 그것도 평소 연락이 드문 사이에게 "당신, 행복해 보이지 않아요"라는 말을 들었을 때 그 충격은 훨씬 컸을 것이다. 아마도 마음속에서는 이렇게 외쳤을 것이다.

"네가 뭔데 내 행복을 평가해?"

"나도 나름대로 최선을 다하고 있어!"

그렇다. 화를 내는 사람은 흔들리고 있는 사람이다. 결핍과 고통이 마음속에 있기 때문이다.

흘러가는 말에는 화가 나지 않는다. 하지만 그 말이 마음속 불씨를 건드릴 때, 우리는 반응한다.

행복은 여유롭고, 충만하며, 안정적이다.

누가 무슨 말을 하더라도 흔들리지 않는다. 나는 오히려 화를 냈던 그 두 사람을 존경하게 되었다. 자신의 삶을 무심히 흘려보내지 않고, 더 나은 방향으로 살아가려 애쓰던 사람들이었기 때문이다. 억울함은 그만큼 진심의 다른 얼굴이었다. 어쩌면 내 질문을 통해 그들도 깨달았을지 모른다.

"이렇게 애쓰고 있는데 왜 행복하지 않지?"

"더 행복해지고 싶다."

그건 내가 아들의 한마디에 흔들렸던 그때의 감정과 닮아 있었다. 물론 그때의 내가 더 부드럽고 섬세하게 말하지 못한 것은 아쉬운 일이다. 하지만 나는 여전히 사람들에게 묻는다.

"지금, 행복하신가요?" 왜 묻느냐고?

행복은 나에게도 여전히 중요한 질문이기 때문이다.

무엇보다, 내가 행복해야 당신도 행복하고, 당신이 행복하면 나 역시 행복하다는 믿음이 있기 때문이다. 그래서 지금도 나는 묻는다. 나 자신에게, 그리고 이 글을 읽는 모든 이에게.

"괜찮아요?"

"지금 생각은 어떤가요?"

"지금 행복한가요?"

"원하는 삶을 살고 있나요?"

누가 뭐라 해도, 나는 이 질문을 멈추지 않을 것이다. 그 질문은 결국 나를 깨우고, 또 다른 누군가의 마음을 일으켜 세우기 때문이다.

PART 4

일과 배움으로 깨어나다

- 개척영업 전국1위 세일즈 인기강사
- 한국개척영업컨설팅연구소 대표
- 인카금융서비스 유나리치 대표

2010년 추석 처음 한국에 오게 된 중국 교포3세,
 2024년 10월 8일 한국귀화. 개척영업을 통해 고객 한 분, 한 분의 든든한 수호천사로 활동합니다.
맞춤형 재무설계와 보험다이어트,
불필요한 보장은 줄이고 꼭 필요한 보장만 채워주는 보험 전문가

조유나

개척영업으로 인생을 배운다.

조유나

한국에서의 삶은 늘 바람 앞에 선 촛불 같았다. 언어도 서툴고, 친구 하나 없는 타향살이는 늘 나를 외롭게 만들었다. 마치 세상 한가운데 혼자 서 있는 듯, 누구에게도 불러지지 않는 이름으로 살아가는 기분이었다.

하지만 배 속에서 아이가 두근거리며 나를 불렀다. 그 작은 생명이 전해주는 심장 소리가 나를 다시 세우는 힘이 되었다.

"나는 쓰러질 수 없다. 나만의 삶이 아니라, 이 아이의 삶도 함께 지켜야 한다."

그렇게 나는 보험 영업을 시작했다.

개척영업은 말 그대로 '개척'이었다. 누군가 길을 열어준 것도 아니었고, 따뜻한 인맥이 기다리고 있던 것도 아니었다. 하루에도 수십 번, 시장의 상인들에게 인사를 건네고, 낯선 얼굴들에게 명함을 내밀었다. 때로는 택시 안에서 기사님과 웃으며 대화를 나누었고, 때로는 편의점 앞에서 작은 대화를 이어갔다.

거절은 일상이었다.

"요즘 개인정보를 누가 줘요?"

"보이스피싱 아닌가요?"

"보험은 필요 없어요."

짧고 단호한 말들이었지만, 그 말 한마디가 가슴을 깊게 후벼 팠다. 집으로 돌아와 눈물을 쏟는 날도 많았다. 그러나 울음이 끝나면 다시 마음속에서 다짐이 되살아났다. "여기서 멈출 수는 없다. 멈추면 아무것도 바뀌지 않는다."

그렇게 걸음을 이어가던 어느 날, 시장의 한 상인이 내게 말했다.

"오늘도 나왔네? 참 성실하네."

짧은 말이었지만, 그 한마디는 내 가슴에 작은 불빛을 켰다. 계약은 아니었지만, 누군가 나를 기억한다는 사실만으로도 외로운 타향살이에 위로가 되었다.

그리고 마침내 찾아온 첫 계약. 수없이 나를 돌려보내던 한 고객이 어느 날 문을 열어주었다.

"외국인인데도 참 꾸준하네. 한 번 얘기 들어봅시다."

떨리는 마음으로 상품을 설명했다. 발음은 서툴렀지만, 마음만은 진심이었다.

그리고 그날, 고객이 종이에 사인을 하는 순간, 나는 세상이 조금 달라진 것을 느꼈다.

"아, 나도 할 수 있구나."

보험 영업은 나에게 단순한 직업이 아니었다. 그것은 거절 앞에서 무너졌다가도 다시 일어서는 힘을 가르쳐주었고, 두려움을 껴안고도 내딛는 용기를 주었다. 무엇보다 진심은 결국 통한다는 사실을 확인하게 해주었다.

돌아보면, 개척영업은 고객을 찾아가는 길이 아니라 나 자신을 찾아가는 길이었다. 외국인이라는 한계를 넘어설 수 있다는 믿음, 나는 누군가에게 꼭 필요한 사람이라는 확신. 그것이 나를 지금까지 걷게 만들었다.

이제는 거절이 두렵지 않다. 왜냐하면 나는 안다. 거절 뒤에는 새로운 인연이 기다리고 있고, 또 다른 내가 깨어나는 순간이 숨겨져 있다는 것을.

타향에서의 삶은 여전히 쉽지 않다. 그러나 나는 매일같이 다짐한다. 행운은 움직이는 사람에게 찾아오고, 진심은 거절 뒤에서 비로소 모습을 드러난다.

"행운은 움직이는 사람한테 온다" 오늘도 나는 다시 길 위에 선다.

- 개척여신 -조유나의톡톡

경영의 눈으로 시대의 흐름을 읽고, 사람과 사회의 내일을 사유하는 에세이스트. 경영학 박사이자 기업 대표로서 이론과 현실의 경계를 넘나들며 우리 시대의 중요한 질문들을 탐구한다. 삼성SDS에서의 실무 경험을 시작으로 현재는 오션커뮤니케이션즈를 이끌며 비즈니스 현장의 최전선에 서 있는 동시에, 대학 강단에서 미래 세대와 호흡하고 있다.

장경국

내가 한 공부의 8할은 중년 이후에 시작되었다

장경국

스무 살 무렵의 나는 세상을 배우는 중이라고 믿고 있었다. 교과서에 형광펜을 긋고, 시험지 위에 답을 채워 넣으며, 입사원서에 스펙을 나열했다. 그것을 '공부'라 불렀다. 하지만 지금 돌이켜 보면, 그건 지식을 소유하려는 욕망이었지, 진실을 이해하려는 갈망은 아니었다. 세상은 책장을 넘기는 속도로 익혀지지 않았다. 넘어지고 일어서는 반복 속에서, 상처가 아물고 흉터가 남는 시간 속에서 비로소 체득되었다.

30대 내내 나는 성과라는 이름의 터널을 달렸다. 삼성SDS, ㈜화성, 그리고 오션커뮤니케이션즈. 숫자는 올라갔고, 직급은 바뀌었지만, 내면의 깊이는 얕아졌다. 어느 순간 깨달았다. 내가 채우고 있는 건 이력서였지, 내 존재가 아니었다는 것을. 배움이 멈춘 자리에는 습관만 남았고, 그 습관은 서서히 나를 똑같은 반복 기계로 만들고 있었다. 가장 위험한 건 실패가 아니라, 더 이상 질문하지 않게 되는 순간이었다.

40대 중반, 예상치 못한 전환점이 왔다. 대학원 입학. 그것은 흔한 진학이 아니라, 잃어버린 나와의 재회였다. 회사 일을 마치고 새벽까지 논문을 읽으며, 졸린 눈으로 레포트를 쓰던 그 시간. 육체는 피곤했지만 정신은 오히려 깨어났다. 유럽과 아시아 10여 개 국을 돌며 논문 발표와 학술 행사를 경험했다. 배움은 나이를 먹는 일이 아니라, 영혼을 깨우는 일이었다. 새로운 개념 하나가 이해될 때마다, 세상이 다시 선명해지는 경험을 했다. 마치 안개가 걷히고 윤곽이 드러나듯.

"이 나이에 무슨 공부냐"는 말도 들었다. 그럴 때마다 나는 속으로 답했다. 공부는 시기가 아니라 태도의 문제라고. 나이가 많아서가 아니라, 준비가 되어서 시작하는 것이라고. 젊을 때의 나는 지식을 쌓았지만, 지금의 나는 지혜를 구하는 중이다. 그 차이는 결정적이다. 하나는 소유이고, 다른 하나는 변화이기 때문이다.

ESG, 지속가능경영. 처음엔 그저 유행하는 경영 용어처럼 보였다. 하지만 연구를 거듭할수록 이것이 단순한 기업 전략이 아님을 알게되었다. 이것은 '어떻게 살 것인가'라는 인간의 근본적 질문이었다. 기업과 사회, 환경이 맺는 관계를 공부하며, 나는 사실 '나와 세상이 맺는 관계'를 배우고 있었다. 나아가 모든 배움은 결국 자기 이해로 귀결된다는 것을 깨달았다.

나는 지난 10여 년간 수많은 컨설팅 현장을 다녔다. 공장 바닥의 소음 속에서, 직원들의 땀 냄새 속에서, 회의실의 팽팽한 침묵 속에서 다양한 공부를 하게되었다. 이론은 현장에서 살과 뼈를 얻었고, 개념은 사람을 만나 비로소 숨을 쉬었다. 책이 던진 질문에 현실이 답했고, 그 답은 다시 새로운 질문이 되었다. 진짜 스승은 책이 아니라 삶이었고, 진짜 교실은 이론이 아니라 관계였다.

그때부터 내 공부의 방향이 전환되었다. '아는 것'에서 '나누는 것'으로. '채우는 공부'에서 '비우는 공부'로. 대학 강의실에서 학생들을 만날 때, 나는 단지 지식을 전달하지 않는다. 배움의 태도를 나눈다. 그들의 스무 살 눈빛 속에서 과거의 나를 발견하고, 내 중년의 시선 속에서 그들의 미래를 본다. 세대는 달라도 배움 앞에 선 떨림은 같다.

"배움의 본질은 지식이 아니라 자세입니다. 세상은 끊임없이 변하지만, 배우는 사람은 결코 늙지 않고 그 변화와 함께 춤춥니다." 나는 학생들에게 이렇게 말한다. 그리고 그 말은 사실 나 자신에게 하는 다짐이기도 하다.

중년이 된 지금, 역설적이게도 나는 가장 많이 배운다. AI, 디지털 전환, 스마트공장... 배울수록 세상은 넓어지고, 모를수록 호기심은 깊어진다. 무지를 인정하는 용기가 생겼다. 젊었을 때는 아는 척하느라 바빴지만, 지금은 모르는 것을 즐긴다. 그 여백이야말로 배움이 자라는 토양이다.

기술은 빠르게 변해도, 그 중심에는 변하지 않는 것이 있다. 사람, 그리고 의미. 그것을 보는 눈이 생겼을 때, 공부는 의무에서 기쁨으로 바뀌었다. 이제 나는 알아야 해서가 아니라, 알고 싶어서 배운다. 그 차이가 모든 것을 바꿨다.

하루의 대부분을 나는 여전히 배우고 가르치며 보낸다. 컨설팅 현장에서 새로운 난제를 만나고, 강의실에서 다음 세대의 언어를 익히고, 책상 앞에서 밤늦게 노트를 채운다. 삶이 문제를 던질 때마다, 나는 '배움'이라는 열쇠로 답한다. 완벽한 해답을 찾아서가 아니라, 더 나은 질문을 찾기 위해서.

내가 한 공부의 8할은 중년 이후에 시작됐다. 그리고 그 공부는 끝나지 않을 것이다. 이 나이에 배우는 건 늦은 게 아니다. 드디어 제대로 시작하는 것이다. 젊을 때는 세상의 구조를 이해하려 했지만, 지금은 나라는 존재의 의미를 탐구한다. 지식은 밖에서 안으로 들어오지만, 지혜는 안에서 밖으로 자란다.

공부는 이제 내게 목적이 아니라 방식이다. 나는 오늘도 묻는다. "내일의 나는 오늘의 나보다 조금 더 깊어졌을까?" 그 질문이 나를 다시 책상 앞으로, 현장으로, 사람들 곁으로 이끈다.

그리고 그 길 위에서 나는 확인한다. 배움이 있는 한, 우리는 결코 늙지 않는다는 것을. 나이는 시간이 만들지만, 젊음은 호기심이 만든다. 나는 지금, 가장 젊다. 그리고 나는 지금 다시 공부를 시작한다.

- (사) 서울국제광고영화제 선임연구원
- 유앤미디지털비즈임팩트 협회장
- 케이에스유앤미 대표
- 미아트북스 대표

"창작과 비즈니스의 흐름을 설계하는 콘텐츠 전략가"
동화 한 권의 감동부터, 브랜드 하나의 성장까지 예술성과 실전 경험을 바탕으로, 창작과 창업의 경계를 잇는 융합 콘텐츠 전략가입니다. 음악을 이야기로 풀어낸 그림동화 시리즈를 집필하고, 출판 기획, 콘텐츠 유통, 이커머스 운영까지 아우르며 감성과 시장을 연결하는 실질적인 창작 시스템을 구축해왔습니다.

손미화

배움은 그렇게 이어진다

손미화

 퇴근 후 집에 돌아오면 늘 피곤했다. 컴퓨터를 켜야 한다는 생각에 한숨이 새어 나왔다.

 그럼에도 불구하고 나는 모니터 앞에 앉았다. '배움은 나를 살게 한다'는 마음 하나로.

 처음에는 단순한 호기심이었다. 엑셀의 함수 하나, 영상 편집의 자막 하나가 왜 그렇게 어려운지.

 손끝으로 커서를 옮기며 몇 시간을 붙잡고 있을 때면 '이 나이에 내가 뭘 하고 있나' 싶었다. 하지만 어느 날, 작은 화면 속에서 완성된 첫 영상을 봤을 때 그 짧은 성취감이 이상하게 오래 남았다. 그날 이후 나는 매일 10분이라도 배우기로 했다.

 AI, 영상, 디자인 툴, 음악 생성 프로그램…세상은 하루가 다르게 변했다. 처음에는 그 속도를 따라잡기 벅찼지만 하루하루 반복하면서 조금씩 익숙해졌다. '느리지만 멈추지 않기' 그것이 내 공부의 방식이었다. 퇴근 후 밤 11시, 졸린 눈을 비비며 마우스를

움직이는 그 시간은

나에게 유일한 '나의 시간'이었다.

어느 날, 문득 새로운 도전을 하고 싶었다. 악기를 배우고 싶다는 생각이 불쑥 들었다. "이 나이에 무슨 바이올린이야"라는 주위의 말에도 나는 그냥 등록했다. 첫 수업 날, 손끝은 굳었고 활은 덜덜 떨렸다. 하지만 첫 음이 울릴 때의 그 진동은 잊을 수 없다. 그건 내가 다시 '살아 있음을' 느낀 순간이었다.

연습실의 공기는 차가웠다. 손끝은 아프고 어깨는 뻐근했지만 음이 조금씩 맞춰질 때마다 세상이 달라 보였다. 하루의 피로가 스르르 풀렸고, 음 하나가 완성될 때마다 마음에 평온이 찾아왔다.

바이올린을 배우며 알았다. 배움은 기술을 익히는 일이 아니라 '나를 만나는 시간'이라는 걸.

배움은 어느새 내 일상이 되었다. 회사에서, 집에서, 그리고 온라인 화면 앞에서도 나는 여전히 배우고 또 전했다. 처음으로 온라인 강의를 열었을 때, 카메라 앞에서 첫 문장을 꺼내는 데 한참이 걸렸다.

화면 속 낯선 공백이 두려웠지만, 누군가가 고개를 끄덕이며 함께 배우는 모습을 보는 순간 마음이 따뜻해졌다. 그때 알았다. 내가 넘어지고 배웠던 시간이 누군가에게는 다시 시작할 용기가 될 수 있다는 걸.

요즘도 퇴근 후면 작은 불빛 아래 앉는다. 화면 앞에서 코드를 입력하고, 주말엔 바이올린을 켠다. 아직도 서툴고 느리지만 그 속에서 분명하게 느낀다. 배움은 나를 다시 일으키는 힘이라는 걸.

오늘도 나는 조금씩, 어제보다 한 걸음 더 배운다. 그렇게, 나의 배움은 여전히 이어지고 있다.

- (사)서울국제광고영화제 선임연구원
- 국제패턴아트협회 이사
- 비전나눔파트너스 이사
- 자하라컴퍼니 대표
- 자하라북스 대표

캘리그라피 작가 '소란'은 9년차 캘리그라퍼이자 한국코치협회 KPC 전문 코치, 자이언트 인증 라이팅 코치 '자하라', 컬러기질 전문가, NLP 멘탈 코치, 로 활동하고 있습니다. MTLC 학습코칭전문가, 휴먼컬러, 퍼스널컬러, 색채심리 등 다양한 자격을 보유하고 있으며, 글쓰기와 자기 표현, 컬러 심리, 코칭을 통해 사람들의 가능성을 발견하고 확장하는 일을 합니다.

석승희

그날 이후, 19금 웹소설 작가로 깨어나는 중이다

석승희

나는 늘 생각이 많았다. 무언가를 해보고 싶다는 마음이 있었지만, 막상 실행은 쉽지 않았다. "언젠가 써야지." 그 말을 몇 년째 반복하며, 머릿속에서만 수십 개의 소설을 완성했다.

그러다 2024년, 웹소설이라는 세계를 만났다. 처음엔 온라인 수업이었다. 1기부터 6기까지 빠짐없이 들었다. 윤서아 편집장의 강의는 늘 신선했고, 실전 중심이었다. 강의를 들을 때마다 가슴이 두근거렸다.

"이번엔 꼭 써야지." 하지만 여전히 글은 노트 속에서만 맴돌았다.

그러던 어느 날, '19금 웹소설 현장 수업'이 열린다는 소식을 들었다. 망설임 없이 등록했다. 온라인에서는 미루던 내가, 그날은 단 1초도 고민하지 않았다. 4주 동안 매주 일요일마다 시외버스를 타고 당진에서 서울로 향했다.

낯선 거리였지만, 그 길 위에서 내 안의 열정이 다시 깨어났다. 현장 수업은 달랐다. 즉석에서 피드백이 오갔고, 등장인물의 감정선부터 문장의 호흡까지 눈앞에서 바로 고쳐졌다. 머리로만 배우던 글쓰기가, 비로소 손끝에서 살아났다.

5화까지 써 내려가던 중, 19금 장르의 감정선을 어떻게 표현해야 할지 막혔다. 너무 자극적이지 않으면서도 진심이 전해지게 하고 싶었다. 그때 윤서아 편집장이 말했다. "승희 작가님, 감정을 더 묘사적으로 풀어보세요. 인물의 숨소리, 손끝의 떨림 같은 디테일이 감정을 움직여요."

그 한마디가 전환점이었다. 다시 모니터 앞에 앉았다. 단어 하나, 문장 하나에 집중했다. 글이 살아나기 시작했다. 초안을 다 쓴 뒤, 윤서아 편집장은 스토리의 확장과 묘사 보강 방법을 직접 시연해 주었다.

그리고 말했다. "이 부분은 승희 작가님이 직접 써보세요."

10분의 시간이 주어졌지만, 두세 줄을 쓰는 것도 버거웠다. AI로 초안을 만들어본 적은 있어도, 온전히 내 손으로 스토리를 확장해본 건 처음이었다.

그때 윤서아 편집장이 미소를 지으며 말했다. "승희 작가님, 이건 저랑 같이 써야겠어요." 아마 속뜻은 '석작가 혼자서는 완결이 쉽지 않을 것 같다'였을지도 모른다. 그 말은 단순한 격려가 아니었다. 윤서아 편집장은 현장 강의에서 수강생의 시놉시스와 로그라인, 각 화의 전개를 직접 손보며 스토리의 구조와 감정선을 일대일로 코칭해주는 편집자였다.

솔직히 말하면, 나는 아직 혼자서는 완결을 낼 자신이 없었다. 아이디어는 넘쳤지만, 문장으로 구현하는 힘이 부족했다. 윤서아 편집장은 그런 나의 한계를 알아차렸고, 직접 원고를 다듬고 문장을 보강하며 웹소설 흐름을 완성해주었다.

문장을 풍성하고 재미있게 다듬는 과정을 바로 옆에서 지켜보며 깨달았다. '이렇게 쓰는 거구나. 이렇게 인물이 살아나는 거구나.' 그가 써준 문장 하나하나가 나에게는 잘 팔리는 웹소설 교과서의 표본이었다.

누군가와 함께 끝을 볼 수 있다는 사실만으로, 이미 절반은 해낸 기분이었다. '든든한 아군이 생겼다.' 그 생각이 머리를 스쳤다. 실행력의 끝판왕인 윤서아 편집장과 함께라면 내 속도도, 내 방향도 달라질 거라는 확신이 들었다.

4주 수업을 모두 마치고 시외버스를 타고 당진으로 내려오는 길이었다. 창밖으로 스쳐가는 풍경을 바라보며 중얼거렸다. "이제 정말 시작이구나." 그때 카톡 알림이 울렸다.

윤서아 편집장이 보낸 메시지였다. "석 작가님, 1화에서 3화까지 내용을 좀 더 디테일하게 재구성했어요.

　　인물관계도와 묘사 중심으로 4화까지 마무리했습니다. 이어서 5화부터 초안 작업 들어가보세요."

　　순간, 손에서 휴대폰이 미끄러질 뻔했다. 버스를 타고 내려오는 그 짧은 시간 동안, 윤서아 편집장은 내 원고를 읽고, 그 자리에서 3화 분량을 4화로 완성해버린 것이다.

　　그 메시지를 보는 순간, 내 안의 '생각만 하던 나'가 사라졌다. 실행의 속도와 완성도의 차이를 눈앞에서 본 것이다. '이렇게 해야 하는구나. 이렇게 쓰는 거구나.' 그날의 깨달음은 내 인생의 전환점이 되었다.

　　그 후 나는 매일 쓰려고 도전하고 있다. 때로는 피곤해서 미루고, 때로는 자신이 없어 멈추기도 한다. 그래도 다시 책상 앞에 앉았다. 글이 내 하루의 중심으로 조금씩 자리를 잡고 있다.

　　이제는 더 이상 '언젠가'라는 단어를 쓰지 않는다. 나는 지금 '하려고 애쓰는 사람'이다. 생각이 행동으로 바뀌었고, 그 행동이 나를 작가로 만들어가고 있다. 돌이켜보면, 나를 깨운 건 '수업'이 아니라 '사람'이었다. 윤서아 편집장이라는 실행의 거울을 통해 나는 멈춰 있던 자신을 마주했다. 그리고 깨달았다.

"생각은 가능성을 열고, 실행은 인생을 바꾼다. 하지만 진짜 변화는 매일의 다짐에서 시작된다."

아직 완벽히 매일 쓰지는 못한다. 그래도 매일 나를 일깨우려 노력한다. 오늘도 스스로에게 말한다.

"승희야, 다시 써야지." 그 한마디가 나를 또 일으켜 세운다. 그렇게 나는 여전히 깨어나는 중이다.

2026년 웹소설 (가제) 폭군을 길들이는 법.

로제, 하라의 공동작품이 세상에 나올 예정이다. 웹소설 작가로 세상과 마주하는 그날을 기대해본다.

디자이너의 눈으로 세상을 관찰했고, 지금은 설계사의 마음으로 인생의 패턴을 읽어냅니다. 그리고 세 아이의 엄마로서 삶의 무게와 책임감을 깊이 이해하는 작가입니다. 과거 패션디자인학과를 졸업하고 디자이너와 미싱 공방 운영자, 핸드메이드 제작자로서 아름다움을 짓는 창조적인 시간을 보냈습니다.

옷감을 재단하고 바느질하던 손으로, 이제는 사람들의 가장 소중한 미래를 재무적으로 재단하고 설계하는 일을 하고 있습니다.

유 리

쓸데없이 성실한 삶을 팝니다

유리

저 방구석 가장 깊은 곳, 퀴퀴한 기름때가 묻은 낡은 미싱기 한 대가 서 있다.

남들이 보기엔 그저 '왜 저걸 아직도 갖고 있나' 싶은 골동품일 테다. 심지어 가장 가까운 남편조차도 몇번의 이사를 거칠 때마다 "꼭 저걸 가져가야 해? 그냥 처분하지..."라고 말하곤 했다.

그때마다 나는, 그 말이 꼭 나를 버리라는 말처럼 들려 속으로 자존심이 긁히곤 했다. 이해는 한다.. 워낙 구형에다 무쇠이니 옮길때마다 남자 둘이상은 필요하고 참 번거로운 일이라는걸.. 그렇지만 내전부라 생각했다. 패션학과에 진학하고 현재 직업을 갖기 전까지, 나는 미싱기를 다루는 일이 곧 나의 존재 가치라고 생각했다.

부모님이 17만 원짜리 중고 미싱기를 사주셨을 때, 나의 꿈은 비로소 구체적인 형태를 갖게 되었다. 그 미싱기로 졸업 작품을 만들었고, 덕분에 파리 왕복 항공권이라는 값진 상까지 받았다. 그때의 나는, 스스로가 굉장한 사람이 된 것만 같아 유명한 디자이너가 될 거라며 혼자 미래를 그렸다.

하지만 지금 나는, 보험 FC로 일하고 있다. 생각보다 계기는 어렵지 않았다. 올해 1.2월쯤 보험일을 해봐야겠다 결정했으니 나의 생각이 바뀐거는 작년 9월쯤 된것같다. 학교를 졸업후 다른 사람들과 마찬가지로 디자인회사를 들어갔고 난 꼭 유학을 가리가 맘먹었지만 현실은 그리되지 않았다. 딱히 집이 부유해 보내줄일도 없었다. 내가 신입 디자이너로 들어가 버는돈은 고작 130에 불과했으니 핑계지만 유학갈돈이 모아질일이 없었다.

그치만 난 참 뭐든 열심히 한다. 회사다니는동안 항상 노가 없었다 예스만 있을 뿐. 그러다보니 일에 지쳐갈때쯤 남편을 만났고 결혼이 돌파구라 생각됐다. 그때만 해도 주변에 지인들이 너가 결혼을 한다고?? 할정도로 연애경험도 없었을뿐더러 항상 난 혼자가 편해 라고 외치던 나였다.

우리 부모님처럼 보통의 사람들처럼 평범한건 싫어! 하던 내가 결혼을하고 아이도 셋을낳고 정말 평범의 기준이 있다하면 지금의 나라고 할수있다 그런데 그걸 인정하고 싶지않은듯 저 구닥다리 미싱으로 뭘해보겠다며 카드로 원단과 재료를 사서 만들고 그렇다고 그걸 팔지도 못한다...카드값을 갚기에만 바빴다 그렇게 10년을 해왔다.

난 그시점에 왜이리 되는일이 없는지 난 왜 운이 없는지 한탄

하기 바빴던것같다 난 분명 게으르지도 않고, 가족을위해 밥도 꼬박 차려주고 거기다가 항상 깔끔한집을 유지하며 잠깐의 여유를 갖으면 뭔가 나의일을 안하고 있는것처럼 느껴져 뭐든 하고 있었다. 그게 미싱이였다. 미싱만이 내가 특별해질수 있는 유일한거라고 생각했고 그걸로 돈을 많이 벌어야 내가 존재한다 느꼈다.

근데 어느날 답답한 마음으로 가까운 절을 찾았다. 대웅전 앞에 앉아 바람에 흔들리는 나무를 보며 큰 아무생각없이 멍을 때리고 있었던것 같다 어느순간 옆에 한아주머니가 앉아있는걸 발견했다..시간이 얼마나 걸렸는지조차 기억이 나질 않는다 아주머니의 존재를 깨닫는순간 눈이 마주쳤다 아주머니가 나를보며 "젊은사람이 뭐가 버거워 그러고 있느냐"하는데 남이 보기에도 내가 그래보였나 싶어 순간 찔리면서 딱히 뭐라 대답해야 할지 곤란했다. 대답을 안하기엔 그래서, 그렇다고 대답을 피할 성격도 못된다.

쓰잘데없이 성실한 내가 답한건 "그냥 먹고살기가 벅차네요." 였다 그러니 아주머니가 말하길 "그냥 순리대로 편안하게 마음먹고 살라며" 어디에서나 들을법한 이야기를 하더라 그래서 내가 "제가 하는일이 잘되야 편해질것같아요~" 했더니 내 마음속을 들여다 보는듯 "꼭 특별해져야 행복한게 아니야 평범하게 사는것도 행복이야 어떤사람은 평범하게 살려고 노력해도 안되는사람이 많아"라고 하는데 그때당시는 크게 뭐 다가온게 없었다.

그러던 어느때와 똑같이 집청소하고 잠깐 앉았는데 머릿속으로 오늘은 뭘해야할까 뭘만들까 뭘해야 좋아지지 골머리를 썩히고 있는데 갑자기 저 방구석에 있는 미싱기가 너무 꼴뵈기가 싫어졌다. 정말 한 순간이였다. 남편이 평소에 우리가 애가 셋이니 그리고 아이가 어리니 너가 집에있는게 맞지만, 너가 좋아하는일만 하지말고 그래도 우리에게 도움되는일을 찾아봐라 말했을때 '정말 그지같은 말만하고 있네 어이없어'라고 치부했다.

그런데 그 아주머니의 말과 남편말들이 스쳐 지나가면서 여직껏 내가 고집부리고 미련을 떨고 있었구나 하면서 다 저 미싱기때문이다 라는 생각이 들었다 저게 날 잡고 놔주지않은거라고, 실은 내생각때문인데 저 구닥다리 고물탓이라고 돌리고 싶었는지 모른다 그때부터 내가 할수 있는 다른일이 뭘까 찾기 시작했다.

그랬더니 미싱기말고는 할수있는게 별로 없었다. 나의 무능력함에 날로 벗겨진듯했다. 실은 아무것도 안해도 됐지만 난 말했듯이 쓸떼없이 성실하다 가만히 있질 못한다. 남는시간을 그냥 두지 못한다. 그래서 그때부터 내가 관심있는것들을 배우기 시작했다. 민법사무보조 한달강의를 들었고 타일붙이는 기술을 배워보겠다고 타일학원도 한달 다녔다 그렇다고 그일들이 나의 직업으로 이어지진 않았다.

뭘 배움으로서 미싱기를 버린 그 부분을 채운걸지 모른다. 그러다 동네 엄마와 커피타임중 내가 뭘잘할수 있을까 하는말에 그

엄마가 말하길 보험일을 해보라 했다. 생각보다 공부를 많이 해야 하며 생각보다 너가 생각하는거와 다를수 있다 했다 실은 그엄마는 나에게 2년전부터 해보라 말하긴했다 난 계속 나와 영업은 안맞고 할줄도 모른다며 거절을 해왔던터다 그런데 그때는 무슨일인지 해볼까 싶었다 그러다 여기까지 왔다 난 지금 8개월째 보험일을 하고있다 난 쓸떼없이 성설한게 이일을 하면서 돋보이고있다 고객님들 하는말에 귀기울여 듣고 성실하게 받아들인다.

    나 또한 이일을 하기전엔 보험일 하는사람을 사기꾼 비슷하게 받아들였다 그렇지만 해보니 알겠다 모든일은 쉬운일은 없고 계약한건을 마무리 지을때 어마무시한 책임감을 지닌다는걸. 그렇게 나는 쓸데없이 성실했던 지난날의 나를 버리지 않고, 보험 FC라는 새로운 이름으로 고객들을 만나고 있다. 이제 더는 화려하고 특별한 꿈만을 좇지 않는다. 그저 묵묵히, 남들 눈에 평범해 보이는 이 길 위에서, 쓸데없이 성실했던 내 모든 시간을 조용히 증명해 나가고 있다.

PART 5

새로운 도전

- 에세이 등단 작가
- 시주최 백일장 은상 수상
- •전직 군인 (20세~35세 군 복무)

"삶의 기록을 글로 남기며 새로운 길을 열다"
20세부터 15년간 군인으로 살아온 경험을 바탕으로, 인간과 삶에 대한 성찰을 글로 풀어내고 있는 신인 에세이 작가입니다. 고등학교 시절 백일장에서 은상을 수상하며 글쓰기에 눈을 떴고, 이번 에세이 등단을 통해 본격적으로 글로 세상과 소통하려 합니다.

윤태철

철책 너머, 다시 시작된 삶

윤태철

국방의 의무를 지키기 위해서였다. 국민을 지킨다는 생각보다는, 그저 '의무'라는 이름 아래 군대 생활을 시작하게 되었다. 기본 교육을 마치고, 실탄을 장전한 총을 들고 근무에 투입되던 첫날 밤이었다. 산을 따라 끝없이 이어진 철책, 그 철책을 밝히는 경계등, 그리고 반대편에 이어진 북한의 철책을 바라보면서 나는 비로소 깨달았다.

'이게 전쟁 중인 분단국가의 현실이구나.' 차가운 밤공기 속에서 철책을 따라 이어진 불빛을 바라보며, 긴장감과 동시에 무거운 책임감이 느껴졌다. 나는 '국민을 지킨다'는 말이 단순한 구호가 아니라, 실제로 피와 땀으로 이루어진다는 사실을 처음으로 체감했다.

이후 간부로 지원해 하사 계급장을 달았다. 그 순간, 나는 어엿한 직장인이 되었다고 믿었다. 하지만 그때의 나에게 군대는 단지 직장이었다. 매달 들어오는 월급을 기다리며 시간을 보내는 곳, 그 이상도 이하도 아니었다.

입대 후 약 20개월이라는 시간이 지난 시점이었고, 처음 느낀 긴장감과 책임감은 희미해져 있었다.

시간은 모든 것을 익숙하게 만들었고, 매일 마주하는 같은 풍경 속에서 어느새 나는 매너리즘에 빠져들고 있었다. 평소와 다름없이 근무하던 어느 날, 사이렌이 울렸다. 긴급 투입 지시 방송이 흘러나왔다.

야간 근무 후 취침 중이던 나는 놀라 정신없이 장비를 챙기고 현장으로 향했다. 키가 170 정도 되는, 마른 체구의 남성이 북한군 군복을 입고 철책 바깥에서 빠르게 달려오고 있었다. 긴박한 순간, 총을 장전하고 겨누며 귀순자 유도 작전이 시작되었다.

반복된 훈련 덕분에, 작전 팀장의 지휘 아래 모든 것이 계획대로 진행되었고 그는 무사히 안전한 장소로 피신할 수 있었다. 가까이에서 그의 군복을 보니, 여기저기 찢어져 있고 피가 묻어 있었다.

10시간 이상 쉬지 않고, 오직 불빛만 따라 남측으로 내려왔다고 했다.

목숨을 걸고 내려온 이유는 단 하나였다. '매일 채집과 수렵을 걱정하지 않고 밥을 먹고 싶어서'

대한민국에서 당연하게 누리던 것들이, 누군가에게는 목숨을 걸고 누리고 싶은 것이었다. 그 사실이 의무로 하루하루를 생활하던 내게 생각이 많아지게 만들었다. 그 이후, 나는 내가 하는 일의 의미를 다시금 돌아보게 되었고, 사명감이 서서히 마음속에 자리 잡기 시작했다.

나는 그저 '의무'를 수행하는 사람이 아니라, 누군가의 안전과 삶을 지켜주는 존재임을 느꼈다. 그 사소해 보이는 나의 하루가 누군가의 삶을 바꾸는 힘이 될 수 있다는 사실은 내 마음에 변화를 일으키기에 충분했다. 그러나 과한 욕심은 사고를 부른다고 했던가.

각종 훈련과 작업 속에서 앞장서며 활동하다가 허리에 문제가 생겼다. 처음엔 작은 통증일 뿐이라고 생각했다. 진통제를 먹으며 버티던 시간이 2년이 지나고, 약을 먹어도 효과가 없다는 판단에 병원을 찾았다. 디스크가 심하게 터져, 당장 수술이 필요하다는 진단을 받았다. 바로 입원하여 수술을 진행했다.

잦은 철책 근무와 훈련, 그리고 수술과 한 달간의 입원 기간 동안 나는 깨달았다. "난 더 이상 국가 방위에 힘쓸 수 없겠구나." 그렇게 15년 청춘을 바친 군대에서 전역을 결심했다. 새로운 삶의 시작, 부푼 꿈을 안고 나아가려 했다. 하지만 현실은 내가 생각한 것과 달랐다.

전역 불과 3개월 만에 가족에게 사기를 당했고, 퇴직금은 사라졌다. 내 인생이 어둠 속 밀실처럼 느껴지고 답답했다. 남은 것이 없었다. 그러나 남은 것이 없기에, 내일 밥을 먹으려면 움직여야 했다.

사람과 만나고 대화하는 것을 좋아했던 것을 떠올리고, 새로운 사람들과 소통할 수 있는 영업직에 뛰어들었다.

움직이지 않으면 당장 내일도 살아갈 수 없다는 사실이 나를 움직이게 했다. 처음에는 좌절과 두려움이 너무 컸다. 거절과 실패가 반복될 때마다 마음속에서 포기하려는 생각이 들기도 했지만, 포기라는 생각도 사치라고 느껴졌다.

살고자 마음먹으니, 어떤 일이든 내 과거가 되고 후회가 남을지라도 뒤돌아볼 여유가 없었다. 아픈 과거는 밑거름이 되고, 경험치가 된다는 생각하니 마음이 한결 편해짐을 느꼈다. 비슷한 상황이 반복될 때, 조금 더 조심하며 인생을 살아갈 수 있게 되리라. 조금씩 나는 자신을 믿기 시작했고, 작은 성취 하나하나가 다시 희망을 갖게 만들었다.

현재, 내 삶은 다시 빛을 찾아가고 있다. 작은 성취와 소소한 기쁨 속에서 나는 다시 꿈을 꾸고, 내가 누리는 일상의 소중함을 더 깊이 느낀다. 삶은 결코 쉬운 길만 주지 않지만, 내가 포기하지 않고 움직이는 한 희망은 언제나 내 앞에 존재한다는 것을 몸소

겪으며 깨닫게 되었다. 지금 이 순간, 나는 과거의 고통을 떠올리면 화도 나고 억울한 것도 맞지만, 주저앉을 생각은 없다.

그 경험 덕분에 나는 더 강해졌고, 더 단단해졌으며, 앞으로 나아갈 힘을 얻었다. 그리고 언젠가 내 삶도, 누군가에게 작은 희망과 용기가 될 수 있기를 조용히 바란다.

- 한국AI영상제작협회 부회장
- 한국미디어창업뉴스 객원기자
- AI영상제작연구소 선임연구원
- 디지털융합교육원 서울서부지회장
- 글로벌사이버대학 미디어콘텐츠창작학과 발전위원

"AI로 제2의 인생을 설계하다" AI와 미디어, 교육을 아우르며 인공지능 시대에 새로운 길을 제시하는 AI 영화감독입니다. AI 영상제작 강의와 교육 콘텐츠를 통해 누구나 창작자가 될 수 있는 시대의 가능성을 보여주고 있으며, 한국AI영상제작협회 부회장으로서 AI 콘텐츠와 AI리터러시 강의를 하고 있습니다.

유양석

지금 도전이 가장 빠르다

유양석

　새벽 공기가 아직 차가운 시간, 나는 자전거를 타고 출근했다. 아이들이 대학에 들어가고, 내 인생의 절반이 저물 무렵이었다. 유튜브에서 흘러나온 한 단어가 내 귀에 들어왔다.

　"메타버스." 순간 페달이 멈췄다. 세상이 한순간에 멀어지는 기분이었다.

　'나는 지금 어디쯤 와 있는 걸까?' 뒤처졌다는 불안이 밀려왔다.

　출근길의 자전거 페달은 여전히 돌고 있었지만, 마음은 제자리였다. 아이를 키우고, 회사를 다니며 살아온 세월이 내 삶의 전부처럼 느껴졌다. 그러나 정년이 가까워지자, 그 익숙함이 오히려 부담이 되었다. 앞으로의 시간이 막막했다. "나는 과연 어떤 노년을 맞이하게 될까."

　그림처럼 떠오른 내 모습은 집안일과 취미로 시간을 보내는 평범한 노년이었다. 하지만 나는 그렇게 살고 싶지 않았다. 생산

적인 일, 의미 있는 일, 그리고 경제적 독립. 그 세 가지를 향한 갈망이 젊었을 때 처럼 내 안에서 다시 살아났다.

어느 날 거울을 보며 결심했다. "이대로는 안 되겠다. 내 인생의 다음 장을 열자." 그즈음 세상을 뒤흔든 또 하나의 단어가 내 귀에 닿았다다. 'ChatGPT'. AI의 등장은 나에게 충격이자 계시였다. 마치 선사 시대 돌도끼를 쓰다 레이저 검을 손에 쥔 듯한 감각이었다. 나는 그 도구를 제대로 다루는 사람이 되고 싶었다. 그날 이후 내 인생의 방향이 바뀌었다.

처음엔 두려웠다. 나는 키보드보다 연필이 익숙한 세대였다. 그럼에도 마음속 어딘가에서 작고 힘 있는 목소리가 들려왔다. "그래도 한 번 해보자." 그 작은 목소리에 이끌려 나는 AI 공부를 시작했다. 밤마다 모니터 앞에 앉아 메모를 하며 강의를 들었다. 이해되지 않는 부분은 반복해서 들었다. 내용은 어려웠지만, 이상하게도 즐거웠다. 새로운 세계의 문이 열렸다. 그 시간은 단순한 학습이 아니라, 잃어버린 나를 다시 찾는 과정이었다.

조금씩 세상이 달라 보이기 시작했다. 프롬프트는 기술이 아니라 나를 새로운 세상으로 이끄는 '언어'였다. 나는 다시 학생이 되었고, 그 설렘은 오랜만에 느껴보는 생생한 감정이었다. 배움의 시간은 내 몸을 깨우고, 내 생각을 다시 세웠다. AI를 배우며 나는 깨달았다. "나도 여전히 성장할 수 있다." 그 확신은 나를 다음 단계로 이끌었다.

직장을 다니며 사이버대학 미디어창작학과에 입학했다. 오랜만에 교재를 펼치고 과제를 제출하는 일상이 낯설었지만, 즐거웠다. 새로운 용어와 기술 속에서도 나는 여전히 '배우는 사람'이었다. 그 사실만으로 충분했다.

AI의 세계는 나이를 묻지 않았다. 모두가 처음부터 시작하는 평등한 세계였다. 자격증을 따고 공부를 이어가며 강의를 시작했다. 기억에 남는 수강생이 있다. 일흔이 넘은 할머님이었다. 손주 영상을 만들고 싶다며 수업에 참여하셨다. 사진 몇 장과 짧은 문장을 모아 영상을 완성하자, 그분은 한참 동안 화면을 바라보다가 미소 지었다. "내 손으로 만든 손주 영상이라니, 세상에 이런 날이 다 있네요."

그 미소 속에서 나는 확신했다. AI는 기술이 아니라 감동을 만드는 도구라는 것을. 그날 이후 나는 강의 때마다 이렇게 말한다. "이건 기술을 배우는 시간이 아니라, 마음을 표현하는 방법을 배우는 시간입니다."

AI 덕분에 나는 화가가 되었고, 작가가 되었으며, 이제는 'AI 영화감독'으로 살아가고 있다. 이 모든 것은 단 하나의 단어, '시작'에서 비롯되었다. 도전은 생각보다 어렵지 않았다. 어려운 건 '언제 시작할까'를 고민하는 마음이었다.

포기하고 싶을 때도 있었다. AI는 끊임없이 변했고, 배움은 멈출 수 없는 여정이었다. 그러나 그 과정이 나를 단단하게 만들었다. AI가 내게 가르쳐준 건 기술이 아니라 '포기하지 않는 마음'이었다. 그 마음이 내 삶을 다시 움직였다. 도전이 나를 앞으로 밀었고, 배움이 나를 단단하게 세웠다.

AI를 배우며 얻은 가장 큰 선물은 '자존감'이었다. 내 손으로 만든 결과물이 눈앞에 나타날 때마다 나는 뿌듯했다. "나는 아직 도전할 수 있다." 그 믿음은 나를 다시 일으켜 세웠다. 이제 나는 새로운 기술 앞에서도 두렵지 않다. AI는 젊은 세대만 가능하게 하는 것이 아니라, 모든 세대가 함께 활용할 수 있는 도구이기 때문이다.

노후는 더 이상 '은퇴'의 다른 말이 아니다. 나에게 노후는 '다시 시작'의 또 다른 이름이다. AI를 배우며 나는 '나이'가 아니라 '가능성'으로 자신을 정의하게 되었다. 그리고 그 변화는 내 삶의 가장 큰 전환점이 되었다.

이제 나는 강의실에서 이렇게 말한다. "도전은 늦지 않습니다. 지금이 가장 빠른 때입니다." 그 말은 다른 사람에게는 격려의 말이자, 여전히 배움의 길을 걷는 나 자신에게는 용기의 메시지이다.

새벽 자전거를 타고 출근하던 길 위에서 나는 깨달았다. 삶은 속도가 아니라 방향의 문제라는 것이다. 조금 느려도 괜찮다. 중요한 건 멈추지 않는 것이다. 그것이 나의 두 번째 인생이자, 가장 빠른 도전의 시작이다.

- 온라인클래스 '탈잉' 블로그 튜터
- '협찬받는 블로그 세팅하기' 전자책 작가

오프라인에서는 '13년차 엄마' 그리고 25년차 '유아교사'로 쉼 없이 달리는 나름 일잘러다. 바쁘고 또 바쁜 나날들을 보내면서도 나름대로 나를 위한 시간이 그리워 온라인 세상을 기웃거리게 된 지 벌써 4년째가 되어 간다. 처음에는 무엇이 나를 위한 힐링이 되는지 몰라 프로 수강러로 온갖 강의를 끼고 살았다. 그러던 중 뒤늦게 내가 글쓰기를 즐거워 한다는 것을 알았다. 글을 적고 그 글에 힘이 생긴다는 것을 알게 된 순간, 재미있는 일들이 펼쳐졌다. 조금씩 도전하는 과정에서 생기는 작은 성과의 기쁨으로 매일이 설레는 한 사람이다.

최주영

뜻대로 되지 않는 세상. 그래서 살아본다. 내가.

최주영

"왜 그래! 너 왜 그래?!" 화장실 문이 벌컥 열린다. 펑펑 울고 있는 나를 보고 룸메이트가 눈이 동그래진다. 세면대를 부여잡고 흐르는 수돗물과 함께 펑펑 울었다. 나에게 소리를 던진 룸메이트는 함께 글썽였다. "이제, 끝...이 오나...봐. 끄윽끄윽."

눈물이 멈추지 않는 순간이 있다. 가정의 빚을 떠안고 마이너스의 통장을 들고 있어도, 깡 마른 몸으로 살 날이 얼마 남지 않았다는 통보를 받은 아버지를 보고도 울지 않았다. 감정이 없어서가 아니다. 부정적인 현실 속 나를 부정하는 매일 이었기에 그랬다.

요즘 말로 세상이 '나를 억까하는 중'이라는 생각이 가득했던 때. 후광이 비치는 멸치 같은 남자 하나를 만났다. 내가 그 남자 뒤에 서면 옆으로 내가 삐져나온다. 내 몸을 가려줄 수 없는 가녀린 몸매지만 마음 만큼은 바다를 품은 듯 너그러운 사람이었다. 나를 있는 그대로 인정해주는 흔히 볼 수 없었던 사람이었다. 처음부터 마음에 들었던 것은 아니다. 내 이상형은 후덕하고 나를 가리는 연상의 사람이었다.

그에 비해 정반대의 남자인 것이다. 그냥 선배의 동생 정도에서 더 생각해 본 적도 없었다.

하지만 시간이 갈수록 나를 고치려고 했던 다른 사람들과 확연히 다른 모습에 반하게 되었다. 똘끼가 있거나, 엉뚱하거나, 바보 같더라도 그때, 그때의 나를 예뻐해 줬다. 그런 사람과 사랑한 것의 끝이 해피앤딩이 아니라고? 좋아하는 사람과의 헤어짐이 이 연애의 정해진 결말이라고 생각했을 때, 내 모든 것이 사라지는 좌절을 경험했다.

그 슬픔을 어디서 어떻게 표현해야 할지 몰랐다. 아이러니 하게도 나는 늘 웃는 얼굴이었다. 이 날, 난생 처음 세면대를 부여잡고 물처럼 흐르는 눈물을 만났다. 삼킬 수 없어 최선을 다해 울었다. 숨이 차도록 울었다.

그 남자를 만나기 전까지 나의 20대는 나 스스로를 죽이고자 애썼다. 한 날은 한강을 난 생 처음 찾아갔다. 지하철 창문 넘어로 보이는 풍경을 아무런 감흥 없이 멍하게 바라보다 내렸다. 가까이에서 본 한강은 생각보다 예뻤다. 두어 시간 쯤 있었을까? 물 속으로 뛰어든 내가 "여기서 죽으면 내 시신은 알아볼까?"라는 생각이 문득 스쳤다.

내 몸은 이미 물 안으로 들어 섰고, 잠시 뒤 물에 빠진 나의 머리채를 커다란 손이 움켜쥔 채 사정 없이 끌어올렸다. 화들짝 놀라 발버둥 쳤지만, 그 손은 나를 물 밖으로 가뿐하게 건져 올렸다. 꿈이었다. 멍하게 바라보던 벤치에 기대 그대로 잠든 것이다. 이 날 본의 아니게 살았다.

또 한 날은 넥타이를 동그랗게 고리를 만들어 좀 높은 샤워기에 걸쳤다. 웬 걸, 내 키가 생각보다 컸다. 뒷 꿈치가 뜨나 싶었지만, 앞 발가락들이 모두 바닥에 평평하게 닿아 있었다. '하... 죽기도 쉽지 않네' 이날도 나는 본의 아니게 살았다.

고민하다 마지막 시도로 조용히 떠날 수 있다는 수면제를 선택했다. 이것도 실패다. 우연이 이야기 하던 동료가 "수면제 먹으면 악몽을 수도 없이 꾼대." 그 말에 며칠 전 물을 샤워기로 한 바탕 쏟아 놓은 것 같은 땀을 흘리며 꾼 악몽이 떠올랐다. 나는 한순간 고통 없이 죽고 싶었다. 그런 생각에 죽지 못하고, 그날도 나는 본의 아니게 살았다.

세 번째의 시도 끝에 갑자기 머릿속으로 번쩍! 무엇인가 스쳐 지나갔다. '이렇게 죽는 것도 힘든데 그냥 살아볼까?'라는 생각이었다. '죽을 힘을 다해 살아라'는 누가 말한 거지? 나의 생각은 180도 달라졌다. 스스로의 깨달음이라고 하면 우습겠지만, 그때부터 '긍정'이라는 단어를 나도 모르게 가져다 쓰게 되었다. 생각이 바뀌자 주변이 바뀌기 시작했다. 가짜로 웃고 다니던 얼굴에서 진짜 웃음이 생겼다.

그 즈음이었다. 사람들을 만나러 모임에도 나갈 수 있게 된 그 시점에 이 남자를 만났다. 동아리의 아는 선배의 동생이자 내 2기수 후배였다. 나이도 나보다 두 살이나 적었다. 모든 여자와 친근하게 지내는 마른 멸치 형의 남자였다. 주변에서 좋아하는 사람이 많았던 터라 내 남자가 될 거라는 생각은 1도 하지 못했다. 내 취향도 아니었을 뿐더러 당시만 해도 먹고 살기 바빴다.

그런 내가 남자를 사귀게 되다니. 언제부터 인지 모르게 녹아들어 20대에서 30대가 되도록 우린 6년이란 시간을 함께 보냈다. 집과 집이 멀어 1시간 30분이 걸렸다. 우리 사이에는 장거리 연애라 일주일에 주말에만 보는 것이 암묵적 약속이 되었다.

만날 때마다 앙상한 다리에 펄럭이는 통 바지가 나무젓가락에 천을 걸쳐 놓은 듯 보였지만, 익숙해지니 그것도 귀엽다. 여자의 말은 반대라며 귀찮아 할 때 더 귀찮게 하는 것도 재미있다. 길을 가다 "어? 나 저거 먹고 싶어" 하면 "어 너 지금 밥 먹고 나왔잖아. 저거 안 먹고 싶어" 반대로 말한다. 그럴 땐 당장 나에게 팔짱을 걸어 빠르게 스쳐가게 만든다. 이때마다 눈을 흘기며 입이 주먹만큼 나오게 마련이다. 신기하게도 몇 걸음 걷고 나면 내 입이 금세 웃는다.

그와 6년을 재미있게 보냈다. 당시만 해도 결혼이란 것은 생각지도 않았다. 아니 못했다는 게 더 맞다. 집이 넉넉하지 못해 당장은 물론 몇 년이 지나도 못할 만큼 가난한 나였다. 심지어 빚이 있는 사람이었다.

아무리 긍정적인 생각을 가지고 있어도 해결되지 않는 것은 금전적 여유였다. 내가 어떻게 해볼 수 없다는 현실에 무너져 내렸다. 눈물이 폭포 쏟아지듯 쏟아졌다. 룸메이트가 안타까움에 함께 울었다. "돈이 없어. 결혼... 할 수가... 없어" 하며 못 볼 꼴을 드러냈다. 미친 듯이 울었다. 사실 당시의 눈물 범벅의 내 얼굴만 기억이 생생하다. 저 말과 비슷하게 했을 테지만, 정확하게 기억나지 않는다.

룸메이트는 울먹이는 소리로 "해. 결혼해. 너"라고 외쳤다. 그러고는 고민도 하지 않고 자신이 넣고 있던 적금을 모두 깨고, 있던 돈을 모두 모아 내 통장으로 넣어주었다. 얼떨떨하지만, 감사하게도 그 남자와 결혼할 수 있었다.

보자, 세상일은 모른다. 내 뜻대로 되는 일이 하나도 없다고 생각한 순간에, 모든 것을 버리고 떠나고 싶은 순간에도 세상은 나를 놀라게 한다. 억까하는 중이냐고 따져 묻는 내게 내 머릿속을 스치며 삶을 살아보게 만드는 것도, 좌절의 순간 귀인을 만나게 해 주는 것도 할 수 있다. 그렇게 나를 놀라게 한다.

만약 내가 그때 세 번의 시도로 이 세상에서 사라졌다면 어땠을까? '어땠을까'도 없다. 그냥 난 없는 거니까. 지금 함께 사는 남자도, 내가 계속 부정적이었다면 만날 수 있었을까? 아마 난 혼자만의 공간에 갇혀 삶의 무게만 무겁게 생각하고 살았을지도 모른다.

세상은 내 뜻대로 되지 않았다. 오히려 그랬던 이유로 내가 살아있다. 울음 끝에서 웃음을 만나게 한 그날이야말로 새로운 삶의 문이 열렸다. 세상은 여전히 나를 억까하는 중일지 모른다. 하지만, 이제 나는 안다. 그 사이 어디인가 자리하고 있을 번뜩이는 긍정을. 그리고, 힘들어 죽을 것만 같은 때에 나를 잡아 줄 사람은 반드시 있다는 것도 안다.

그 경험은 끝나지 않을 것만 같던 시커먼 터널 같은 머릿속을 바꿔 놓았다. 이제 나는 나를 믿는다. 정확히는 내 주변에 밝은 기운을 끌어온 긍정을 의심하지 않는다. 그 덕분에 내 마음은 매일 꽃밭이다. 세상은 뜻대로 되지 않는다. 그래서 스펙터클 장르가 만들어지는 것이다. 재미와 감동, 시련과 극복, 그 안에서 만나는 모든 사람과 시간, 장소들이 내 맘같지 않기에 심심하지 않게 살아갈 수 있을지도 모른다. 그래서 살아 본다. 내가.

뜻대로 되지 않는 세상. 그래서 살아본다. 내가.

PART 6

몸과 마음의 언어

김윤희 작가는 삶의 상처와 회복, 자아의 성장을 주제로 글을 써오고 있는 에세이스트다. '자신을 다정하게 바라보는 글쓰기를 통해' 독자에게 조용한 위로와 응원의 메시지를 전하고 있다.

자기계발 공저서 『터닝포인트로 퀀텀점프하라』를 통해 글이 삶에 건네는 변화의 힘을 경험한 바 있으며, 현재는 일상의 감정과 내면의 성찰을 담은 에세이를 중심으로 활동 중이다.

김윤희

내 목소리가 피아노소리를 타고 흘러나온다.

김윤희

"도레미파솔라시도" "손가락을 이렇게 움직여 보세요."

선생님께서 손가락 하나하나 건반 위에 놓는 법을 알려주셨다.

"피아노 처음 배우시는 건가요?"

"네."

나는 마흔이 되어서야 피아노를 처음 배우기 시작했다.

아이들을 어린이집에 보내고 곧장 동네 복지관으로 향한다. 여긴 어른들을 위한 피아노 수업이 열린다. 치매 예방에 좋다고 해서 인기가 많아 경쟁률이 꽤 치열하다. 나는 그 치열한 신청을 통과해 수업에 참여하게 되었다. 나는 결혼 후 남편 회사가 있는 이 작은 도시로 이사 왔다.

우리 둘 다 이 지역에서는 아는 이 하나 없는 이방인이었다.

시골에 가까운 이 도시에서 나는 적응하느라 애썼고, 동네 카페에 가입해 엄마들과 교류하려 노력했다. 그러나 아이가 태어난 뒤 외출이 쉽지 않았고, 나는 점점 아파트 단지 안에 갇혀 지내게 되었다. 남편은 교대근무로 늘 바빴고, 나는 갓난아이와의 하루하루를 버텨야 했다.

잠든 아이를 두고 빵집까지 전속력으로 다녀오고, 허기를 채우며 하루하루를 버텼다. 그러던 어느 날, 전화벨이 울렸다.

"따르릉."

시부모님의 전화였다. 그 순간, 내 심장은 덜컥 내려앉았다. 시아버지는 며느리에게 많은 기대를 가지셨다. 매주 안부 전화는 물론이고, 생신상, 명절 손님상, 며칠간의 체류까지. 하지만 나는 늘 그 기대에 닿지 못한 채 서성거렸다. 하지만 나는 묻고 싶었다.

왜 아들은 하지 않는 안부 전화를 며느리는 매주 해야 하는 걸까? 얼굴도 모르는 조상님 앞에 매년 전을 부치고 송편을 빚는 건, 왜 내 몫일까? '같이'가 아니라 늘 '며느리만의 몫'이 되어야 하는 걸까?

차례를 마치고 나면 이제는 친정 부모님께 인사를 드리러 가야 하는데, 그걸 위해 눈치를 봐야 하는 이 상황이 도무지 납득되지 않았다. 나는 갓난아이를 돌보며 하루 종일 집에 있었지만, 세상은 나를 '노는 사람'으로 취급했다. 단지 돈을 벌지 않는다는 이유로. 내 속에는 그런 생각들이, 수많은 질문들로 떠다녔다.

어느 날은 울었고, 또 어느 날은 왜 그래야 하냐며 따져 묻기도 했다. 하지만 그 질문은 언제나 도돌이표처럼 돌아왔다. 시댁에 갈 때마다, 전화를 받을 때마다 나는 또 무너졌다. 남편은 잠을 자고 있었고, 아기는 울고 있었다. 나는 끼니조차 챙기지 못했지만, 그 모든 '부족함'은 내 책임처럼 느껴졌다. 그런 날들이 쌓이며, 내 마음에도 상처가 남았다.

언뜻 보면 별말 아닌 것들도 내 안에서는 오래 머물며 무겁게 내려앉았다. 겉으로는 웃었지만 속은 늘 긴장과 불안으로 채워졌다. 그 감정은 점점 흉터로 굳어 갔고, 나는 웃는 법을 잊어갔다.

'따르릉.' 전화벨 소리에 내 심장이 요동치기 시작했다. 혼잣말을 중얼거리기 시작했고, 몸이 먼저 반응하기 시작했다.

그동안 들었던 말들이 엄청난 상처를 주는 말은 아니었을지도 모른다. 하지만 내게는 그 안에 감당하기 어려운 무게가 실려 있었다. 나는 그런 순간들에 말끝을 흘리며 웃는 듯한 표정을 지었지만, 그 말은 내 마음에 오래도록 머물렀다. 누군가는 대수롭지 않게 넘겼을지도 모르는 그런 말이지만, 나에게는 그렇지 않았다.

그렇게 상처가 쌓여 갔고, 그 상처는 흉터를 남겼다. 웃음도 잃고 표정도 잃어 갔다. 겉으로는 웃었지만, 나는 점점 무너지고 있었다. 그러던 어느 날, 지역 카페에서 글을 하나 읽었다. '보건소에서 우울증 검사를 해드립니다.' 다른 날 같았으면 그냥 넘겼을 만도 한데, 그날은 이상하게도 발걸음이 향했다.

남편이 쉬는 날, 아이를 맡기고 보건소를 찾았다. 설문지를 작성했고, 결과는 예상보다 높은 수치에 직원이 상담을 권했다. 그렇게 나는 처음으로 누군가에게 내 이야기를 꺼내기 시작했다.

상담사는 내 말을 조용히 들어주었다. 그 사실만으로도 눈물이 났다.

하지만 현실은 상담을 지속하기가 쉽지 않았다. 남편의 불규칙한 스케줄과 아이 돌봄으로 상담은 미뤄지고 또 미뤄지다 중단되었다. 나는 다시 혼자가 되었다. 한동안 그저 울며 시간을 보냈다.

그렇게 힘든 몇 달을 보내고서, 둘째가 세 살이 되던 해에 나는 피아노 수업을 등록했다.

주 2회 피아노 수업을 가는 날을 얼마나 기다렸는지 모른다. 그 수업은 내게 작은 희망이었다. 수업이 끝날 때까지 남아 연습했고, 내 안의 시끄럽던 소리들이 피아노 건반 소리에 조용해지는 느낌이 들었다. 한 곡 한 곡을 익히며, 연습하고 넘어가는 과정 속

에서 마음이 조금씩 회복되었다. 건반은 나의 상처를 누르면서도 그 자리를 어루만지는 느낌이 든다.

피아노만이 아니었다. 나는 바이올린, 홈베이킹, 요리, 목공 등 관심 있는 것들을 조금씩 시도했다. 손끝으로 무언가를 만들어 내는 시간들이 내 안을 채웠다. 결혼 10년이 지났지만, 흉터는 여전히 내 안에 남아 있다. 사람들은 시간이 지나면 이해하게 된다고 말한다. 나의 시간은 이렇게 흘렀지만, 그 감정이 아문 적은 없었다.

지금도 전화벨이 울리면 가슴이 철렁한다. 아무 일 없이 지나가는 하루 속에서도, 그 기억은 불쑥 다가와 나를 흔든다. 불편함은 단순히 시부모님 때문만은 아니었다. 그 순간마다 움츠러들고 참고 있었던 나 자신이 더 아팠다. 아직 흉터는 지워지지 않았다. 어떤 날은 혼잣말을 하고, 어떤 날은 마음 한구석이 이유 없이 불편하다. 그럴 때 나는 내가 아직도 흔들리고 있다는 걸 느낀다.

하지만 이제는 안다.

흉터 덕분에 나는 나를 더 잘 바라볼 수 있게 되었다. 완벽한 이해도, 완전한 화해도 없지만, 흉터는 살아온 시간의 흔적이고 지금의 나를 만든 증거다. 언젠가는 이 흔적을 다른 이름으로 부를 날이 올지도 모르겠다. 그 날이 오지 않더라도, 나는 이 흉터를 지닌 채 살아가야겠다. 그게 나이니까. 오늘도 나는 피아노 수업에 왔다. 건반 위에 손을 올린다. '도레미파솔라시도.' 천천히 건반을 눌러 본다. 그 소리는 아직 작다. 하지만 그 안에는 내가 담겨 있다. 내 목소리가 피아노 소리를 타고 흘러나온다.

- 쎄라 필라테스 공동대표
- 생활스포츠지도사 / 퍼스널 트레이너

20여 년 동안 운동 강사로서 수많은 사람의 몸을 돌봐온 그는, '몸의 변화가 곧 삶의 변화'라고 믿는다.
작가가 전하는 운동 철학은 단순하다.
'지속 가능한 건강'은 거창한 결심이 아니라, 작은 움직임에서 시작된다는 것. 그는 말한다.
"하루 1분의 스트레칭이 인생을 바꿀 수 있습니다. 지친 일상 속에서도 몸의 신호를 놓치지 마세요." 그의 글과 수업은, 그렇게 오늘도 누군가의 몸과 마음을 다시 세운다.

김가경

몸의 신호에 귀 기울이면 알 수 있는 것들

김가경

긴 에스컬레이터에 줄을 맞춰 가득 서 있는 출근길의 사람들, 환승 통로를 분주하게 걸어가는 수많은 사람들의 뒷모습을 바라보며 내 시선은 한곳을 향해 꽂힌다.

바로 신발 뒷굽.

어떤 사람은 구두 바깥 축이 닳고, 어떤 사람은 운동화 안 축이 닳아 있다.

발목을 지나 무릎 위로 골반까지 시선을 옮기면 이 사람의 체형은 오다리나 엑스다리 혹은 뒤틀린 골반의 형태를 띠고 있다. 멀리서 바라보는 몸은 마치 피사의 사탑처럼 기울어져 있다.

그런데 이런 사람들이 한둘이 아니다. 목이 기울어져 있는 사람, 양쪽 어깨 높이가 다른 사람, 등이 구부러진 사람, 엉덩이가 처진 사람 등등. 저마다의 삶의 고단함을 몸으로 그대로 드러낸 채 걷고 있었다.

'목이 기울어진 저 사람은 귀와 어깨 사이에 전화기를 한쪽으로만 끼우고서 일을 하는 사람일까?' '어깨 높이가 다른 저 사람은 한쪽으로 턱을 자주 괴는 사람일까? 아니면 척추측만증이 있는 사람일까?' '등이 구부러진 저 사람은 시선보다 낮은 모니터를 쓰고 있는 것일까? 핸드폰을 너무 자주 들여다보는 것일까?' '엉덩이가 처진 저 사람은 하루종일 얼마나 오랫동안 앉아서 일을 하고 있을까?'

나는 사람들의 뒷모습을 보며 많은 것들을 생각하고 상상해 본다. 그리고 이내 다시 생각해 본다. '이른 아침부터 바쁘게 출근길에 몰두하는 저 사람들은 과연 자기 몸과 건강에는 얼마나 신경을 쓰고 있을까? 회사의 업무는 하루의 1/3이 넘는 8시간 이상 할애하지만, 정작 자기 자신을 돌보는 시간은 1시간이라도 투자하고 있을까?'

안타깝지만 그런 사람이 많지 않은 것이 현실인 듯하다.

몇 년 전 PT를 등록하러 오신 회원 한 분과 상담했을 때의 일이다. 나는 상담석에 20대의 여성분과 마주 앉았다. 운동목적을 물어보니 '다이어트'라고 대답하긴 했지만, 사실은 그 후의 대답이 더 절실하게 와닿았다. "선생님 저 사실 살려고 왔어요." 나는 그 말을 듣고서 적지 않은 충격을 받았다. '아니, 한창 건강하고 활력이 넘칠 나이에 살려고 왔다니..' 차분하게 이야기를 나누며 현재 어떻게 지내고 있는지, 식습관이나 생활패턴 등의 상황을 듣고 나니 정말 살기 위해 운동하러 왔구나 싶은 생각이 절로 들었다.

인생의 한창때인 20대지만 그 회원님은 직장 스트레스로 삶이 무너져 내리고 있었다. 1시간이 넘는 출근길, 매일 반복되는 야근, 인스턴트와 야식으로 점철된 식습관, 숨만 겨우 쉬고 있는 운동 부족에 수면 부족까지. 어느 것 하나 건강에 도움 되는 것은 없었다. 휴일이면 겨우 짬을 낸 시간에 취미활동이라도 하고 싶었지만, 체력이 없어서 끼니도 거르고 잠만 거의 잔다고 했다. 충전과 회복에만 시간을 할애하기에도 모자른 직장인에게 취미생활은 사치일 뿐이다.

상담하면서 바라보니 체형도 좋지 않았다. 하루 종일 앉아있기도 하고. 바른 자세로 있는 시간이 없어서 그런지 척추측만증도 있다고 했다. 코어 힘이 많이 부족하신 분이라는 걸 직감적으로 알아챘고, 지금 이 회원님에게는 무리한 운동보다는 차근차근 체력을 만들어 드리는게 우선이라는 판단을 내렸다. "회원님 우리는 서서하는 운동보다는 바닥에서부터 시작할거에요! 초반에는 코어근육을 활성화시켜야 되기 때문이에요. 그리고 제가 알려드리는 스트레칭을 해주시면 금방 체형이 좋아지니까 날마다 해 주시면 되는데, 하루에 10분이면 돼요. 할 수 있죠?" 회원님의 반색하는 얼굴을 기대했는데, 생각보다 난색을 표하는 모습에 나는 다른 제안을 해야했다. 이 회원님은 지금 겨우 시간을 내서 운동하러 왔는데 내가 추가 숙제를 과도하게 내면 버거울 게 분명했기 때문이다. 살려고 왔지만, 힘든 건 힘든 거였다. 나는 그 점을 인정하고 파격적인 제안을 했다. "자, 그럼 하루 1분만 투자하는 거에요. 한번 스트레칭할 때 좌우 10초씩. 20초를 아침 점심 저녁으로 세 번만 간단히 하는거에요. 세 번 할 수 없으면, 좌우 15초씩, 아침 저녁으로 두 번도 괜찮아요. 어때요? 이건 할 수 있죠?" 회원님은 바로 고개를 끄덕였다! "할 수 있어요. 할게요!" 나는 척추측만증과 코어힘 향상에 도움을 주는 스트레칭 동작을 한 가지 알려드렸다.

4주간의 시간이 흘렀고, 신기하게도 몸은 변화되어 있었다. 비포·애프터 사진을 비교해보니 근육 불균형과 척추 정렬은 많이 회복되었다. 그리고 PT를 하면서 다이어트도 함께 되어 체지방이 1.7kg이나 빠져 있었다. 제일 기분 좋았던 소식은 회원님의 대답이었다. "선생님, 저 이제 출근할 때 지하철 계단도 한 번에 뛰어올라가서 요즘에는 지각도 안 해요." 쉬는 날엔 그저 누워서 잠만 자던 사람이었는데, 한 달 새에 체력이 늘어서 계단을 뛰어오른다니, 실로 놀라운 변화라고 생각한다.

나는 이렇게 작은 행동 하나를 바꿔서 큰 변화를 이뤄내는 회원님들을 많이 보았다. 위 이야기에 나온 회원님처럼 하루 10초씩 짬을 내어 스트레칭을 했던 분이 있는가 하면, 매일 헬스장에 출근도장 찍기를 하셨던 분이 있고, 하루 한 시간 더 자기, 아침에 10분간 햇살을 받으며 걷기, 하루에 물 세잔 더 마시기를 주문했던 회원님도 있다. 모두가 긍정적인 변화를 만들어 냈다. 그들의 얼굴과 몸에서 드러나는 에너지는 더 이상 출근길에 지친 걸음으로 무의미하게 움직이는 사람들이 아니었다.

얼마 전 147만 구독자를 보유한 유튜버 '대도서관'이 사망했다는 뉴스 기사를 보았다. 한 달에 수천만원 이상 버는 방송인이었을텐데, 뇌출혈로 쓰러져 고인이 됐다는 소식이었다. 생전에 심장이 찌릿한 통증이 있었다고 지인이 말했다고 한다. 그의 마지막 라이브 방송에서도 잠을 많이 못잤다고 말을 하는 장면이 있었는데, 이렇게 몸이 보내는 신호를 그가 조금만 더 주의를 기울여서 자신을 돌보는 것에 시간을 썼으면 어땠을까.

'돈'보다, '일'보다 소중한 것은 건강이다. 하루에 1시간, 10분이 어렵다면 1분부터 시작하면 된다. 건강을 위한 변화는 지금 여기, 오늘부터 바로 시작할 수 있다. 스트레칭 한 동작씩이라도 매일 해보면 어떨까.

"그리움을 쓰며 하루를 견디는 사람."
1949년생. 평생을 가족을 중심으로 살아온 주부로, 남편을 떠나보낸 뒤 처음으로 글을 쓰기 시작했다. 삶의 빈자리를 글로 채우며, 그리움과 사랑이 마음속에서 어떻게 형태를 바꿔 살아남는지를 조용히 기록하고 있다.
그녀의 문장은 슬픔보다 따뜻하고, 이별보다 삶에 가깝다.
그리움은 사라지지 않지만, 그 무게를 견디는 힘은 자라난다.
글쓰기를 통해 자신을 다독이며, 비슷한 상처를 가진 이들에게 '다시 살아가는 힘'을 전하고 있다.

최은숙

손끝에서 시작되는 그리움

최은숙

창문을 연다. 차가운 공기가 볼을 스친다. 숨을 들이마시자 가슴이 저린다. 오늘도 다이어리를 펼친다.

첫 줄엔 늘 같은 말을 쓴다. 하늘에 계신 나의 남편. 이름을 쓰려다 멈춘다. 펜끝이 종이에 찍힌다.

2023년 7월 5일. 병원에서 빨리 오라는 전화가 왔다. 병실의 공기는 싸늘했고 소독약 냄새가 짙었다. 기계음이 일정하게 울렸다. 그의 손이 내 손을 잡고 있었다.

그는 눈을 감지 못했다. 사고 후엔 말도 할 수 없었다. 마지막 말조차 남기지 못했다. 그 침묵이 우리의 마지막 대화였다. 나는 울 수밖에 없었다.

집으로 돌아오자 공기가 달랐다. 문이 덜 닫히고 불빛이 희미했다. 고칠 곳이 보여도 손이 가지 않았다. 못 하나 박는 일도 막막했다.

식탁 위엔 함께 웃던 흔적이 남아 있었다. 그가 쓰던 머그컵은 여전히 그 자리에 있었다. 마지막 생일파티의 웃음이 떠올랐다. 식탁을 닦을수록 빈자리가 또렷해졌다.

현관의 신발장을 열었다. 그의 신발을 먼저 정리했다. 텅 빈 칸이 나의 마음처럼 공허했다. 문을 닫으며 눈을 감았다.

거실 전구가 나갔다. 사다리를 세워 전구를 갈았다. 균형이 흔들려 내려왔다. 사소한 일조차 혼자 하기 어렵다는 걸 그제야 실감했다.

생각이 몰려오면 청소를 한다. 바닥을 쓸고, 벽을 훑고, 깨끗한 곳까지 다시 닦는다. 물걸레를 헹굴 때마다 한숨이 새어 나온다. 손끝마다 그리움이 묻어난다.

청소가 끝나면 바다로 향한다. 집 근처, 그가 좋아하던 바다다. 파도 앞에 서서 속삭인다. "당신, 사랑합니다." 바람이 머리칼을 스치고 간다.

눈물이 모래 위로 떨어진다. 발끝이 젖어도 움직이지 않는다. 그 자리에 서서 숨을 고른다. 파도가 내 울음을 삼켜준다.

딸이 묻는다. "아빠는 편안하시겠지?" 그 말에 가슴이 조여 온다. "그래, 아빠는 편안하실 거야." 그렇게 대답하지만 목소리가 떨린다.

아침에 눈을 뜨면 남편이 떠오른다. 식탁에 밥을 차리며 중얼거린다. "식사는 잘하고 계시죠." 살아 있을 때 왜 식사를 제때 챙겨주지 못했을까. 너무 무관심했다. 피곤하다는 핑계도 떠오른다.

딸 앞에선 괜찮은 척한다. 웃으며 반찬을 놓는다. 그러나 거실을 등진 나의 뒷모습은 무겁다. 거실엔 늘 그가 있었다. 그래서 더욱 마주보기 힘들다. 싱크대 위 물방울 소리가 심장처럼 울린다.

쓰러진 그날, 응급실에서 의사는 짧게 말했다. "너무 늦었습니다." 그 한마디에 숨이 멎었다. 코로나 시절이라 마스크 속 눈물조차 닦을 수 없었다.

어릴 때부터 감정을 숨겼다. 울음도 삼키는 법을 배웠다. 그러나 이제는 안다. 억누르면 마음이 병든다는 걸.

그래서 글을 쓴다. 삐뚤어도 쓴다. 미안함을 적고, 사랑을 적고, 사과를 적는다. 적을수록 마음이 조금 풀린다.

남편은 병중에도 딸을 걱정했다. 말문이 막혀도 딸의 이름을 찾았다. "미야…" 그 한마디가 아직도 귓가에 남아 있다. 그 마음을 알기에 더 미안하다.

사람들은 말한다. "건강해야 딸도 행복해요." 그 말이 옳지만, 병원 문턱은 아직도 두렵다. 그래서 바다로 향한다. 그곳에서 그와 대화하듯 바람에 말을 건넨다.

여름엔 새벽마다, 겨울엔 해가 들 때마다 간다. 너무 힘든 날엔 "내일은 꼭 갈게요." 속삭이며 눈을 감는다.

만약 다시 그날로 돌아갈 수 있다면 절대 혼자 두지 않겠다. 건강검진을 미루지 않겠다. 다정함을 아끼지 않겠다. 피곤함을 핑계 삼지 않겠다. 말해야 할 때, 말하겠다.

남편은 음악과 미술을 좋아했다. 딸과 함께 피아노를 치며 웃던 얼굴이 선명하다. 그 생각에 웃다가 울기도 한다. 그 기억이 오늘의 나를 버티게 한다.

저녁이면 하늘을 본다. 바람의 방향을 따라 속삭인다. "오늘도 잘 지내시죠?" 그리고 기도한다.

"모든 신께 간절히 빕니다. 우리 남편, 착하고 고운 사람입니다. 잘 보살펴주시고 지켜주세요."

삶은 계속된다. 나는 아직 남아 있다. 그래서 매일 쓴다. 쓰며 견디고, 쓰며 산다.

이제는 안다. 상실은 끝이 아니다. 사랑은 사라지지 않는다. 표현이 서툴고 부끄러울 뿐, 여전히 내 안에 남아 있다.

그리움은 내 안에서 단단해졌다. 그 사랑이 나를 다시 살게 했다. 말하지 못한 사랑이 나를 가르쳤다. 오늘도 그 사랑으로 걷는다.

조금 더 세상 구경하고 갈게요. 편히 잘 지내고 있어요.

- 에이던스 TOP 영어학원 대표원장
- 《매일그래머》영문법 학습컨텐츠 대표
- (사) 대한 K-영어능력 인증협회장
- (재) 한국 영문법 인증협회장

에이던스 TOP 영어학원장, 대한 K-영어능력 인증협회장,
영어교육 콘텐츠 기획자
황보희 원장은 20여 년간 초·중·고 영어교육 현장에서 학생들과 함께해온 영어교육 전문가이다. 단순 암기식 수업을 넘어, 영어를 통해 사고력과 자기 표현력을 키우는 '생각하는 영어교육'을 실천해왔다.

황보희

교육은 사람을 기억하는 일

황보희

중학생 때 만난 제자가 있었다. 그는 선생님을 찾아올 때마다 늘 두유를 들고 왔다.

빠듯한 용돈 속에서도, 그의 넉넉치 않은 대학원 시절에도, 두유는 빠지지 않았다.

"선생님은 두유 좋아하시잖아요." 나는 웃어 넘겼다. 사실, 두유를 좋아한다고 말한 적은 없었다. 그저 허기를 달래고 시간을 아끼려 마시던, 일상의 음료였을 뿐이다.

그런데 그는 기억하고 있었다.

세월이 흘러 그는 졸업을 하고, 결혼을 하고, 아빠가 되었다. 여전히 내게 전화를 걸어 안부를 묻곤 한다.

어느 날 그가 말했다. "중학교 때 선생님께 배운 영문법이 대학과 대학원에서, 유학에서, 직장에서도 정말 큰 도움이 되었어요."

나는 잠시 멈칫했다. 내가 전한 말이 누군가의 삶 속에 오래 머물 수 있다는 사실. 그때 불현듯 깨달았다..

그의 두유는 음료가 아니었다. 기억의 표시였고, 존중의 방식이었고, 나를 일으켜 세우는 손길이었다.

그 순간, 나는 깨달았다. 사람의 마음을 움직이는 힘은 거창한 말이 아니라, 작은 기억과 꾸준한 태도라는 것을.

두유는 내 거울이었다. 버스 안에서 허기를 달래며 마시던 그 맛이 치열했던 이십대의 내 삶을 다시 불러왔다.

그때 배웠다. 교사는 지식을 전하는 사람이 아니라, 사람을 기억하는 사람이라는 것을. 가르침은 씨앗이었다.

그러나 거기서 멈출 수 없었다. 그의 말이 내 삶을 흔들었고, 나는 스스로에게 물었다. "나는 지금 누구에게 씨앗을 심고 있나."

교실은 여전히 분주하다. 나는 지금도 아이들에게 영어를 가르친다. 그러나 마음속엔 또 다른 문장이 남는다. "사람은 기억으로 자란다."

교사로서, 어른으로서 내가 던지는 한마디가 아이들에게는 희망이 될 수도, 상처가 될 수도 있다.

그래서 더 조심한다. 존중 없는 말은 마음을 무너뜨리고, 존중이 담긴 기억은 사람을 일으켜 세운다.

나는 여전히 부족하다. 때로는 서두르고, 때로는 화를 내기도 한다. 그러나 제자가 내게 말했다.

"선생님께서 심어주신 가르침의 씨앗이 자라, 지금 제 삶의 길을 지탱하고 있습니다."

그 말을 들으며 나는 오늘도 아이들 앞에 선다. 다음 세대를 향해, 또 하나의 작은 씨앗을 심는다.

"마음을 글로 엮어내는 라이프 코치"
글 쓰는 작가이자 마음을 나누는 코치, 박정순입니다.
오랜 시간, 사람들의 내면을 깊숙이 들여다보고 그들의 성장을 돕는 일을 해왔습니다. 특히, 마음이 힘든 이들의 손을 잡아주고 함께 길을 찾아 나서는 라이프 코치로서의 삶을 살아가고자 합니다.
저는 한국코치협회(KPC) 인증 코치로서 전문성을 갖추고 있으며, 감정코칭과 분노조절 코칭을 통해 삶의 어려움 속에서 균형을 찾을 수 있도록 사람들을 돕고 있습니다. 또한, '함께 성장하고자 하는' 가치를 실현하며, 배우고 나누고 섬기는 멘토지도자협의회 회원으로도 활발히 활동하고 있습니다.
작가로서의 길도 꾸준히 걸어왔습니다.

박정순

그날, 시칠리아의 바람이 우리를 불렀다.

박정순

 오후 3시를 가리키는 시계를 보며 배에서 나는 꼬르륵 소리에 몸을 움츠렸다. 점심을 거르고 이름 모를 해안 도로를 달려온 탓이었다. 창밖으로 펼쳐진 지중해의 푸른 물결이 아무리 황홀해도 공복 앞에서는 무력했다. 시칠리아 남동쪽 어딘가, 이 외진 해안가에서 우리는 그저 직감에 의존할 수밖에 없었다.

 차에서 내려 다리 아래로 건너자, 눈앞에 펼쳐진 풍경에 일순간 숨이 막혔다. 오후의 따스한 햇살을 받아 반짝이는 바다, 그 위로 일렁이는 잔잔한 파도가 마치 시간이 멈춘 듯한 평온함을 선사했다. 멀리 보이는 호텔은 손님 하나 없이 텅 비어 있었지만, 그 적막함이 오히려 이 장소만의 고유한 매력을 더해주는 듯했다.

 한참을 걸어 헤매던 중, 마침내 작고 아담한 레스토랑 하나가 눈에 들어왔다. 간판도 번듯하지 않고 외관도 소박했지만, 현지인들이 운영하는 듯한 정겨운 분위기가 물씬 풍겼다. 6명이 둘러앉은 나무 테이블은 바닷바람에 조금씩 흔들렸고, 멀리서 들려오는 파도 소리가 자연스러운 배경음악이 되어주었다.

주문한 음식이 나오기 시작했을 때, 우리는 모두 깜짝 놀랐다. 갓 잡아 올린 듯한 싱싱한 해산물, 토마토와 바질이 어우러진 파스타, 그리고 갓 구워낸 빵에서 피어오르는 고소한 향기까지. 소박한 외관과는 정반대로 음식은 그야말로 예술이었다. "이게 진짜 시칠리아 맛이구나!"

우리의 감탄사는 끝이 없었다. 각자 다른 요리를 시켰지만 모두가 자신의 접시를 다른 사람들과 나누며, 그 순간만큼은 세상에서 가장 행복한 사람들이 된 기분이었다.

그런데 식사 도중, 멀리서 누군가 우리를 부르는 소리가 들려왔다. 고개를 돌려보니 작은 어선 위에서 왜소한 체구의 남성이 활짝 웃으며 손을 흔들고 있었다.

"Come, come! Beautiful sea tour!" 영어로 열정적으로 말하며 우리를 손짓하는 그분의 모습에서 이 바다와 이 일에 대한 진심 어린 애정이 느껴졌다. 솔직히 나는 망설여졌다. 아무리 잔잔해 보여도 바다는 바다였고, 작은 배에 몸을 맡긴다는 것이 선뜻 내키지 않았다.

"이런 기회가 또 언제 있겠어? 가보자!" 남편과 동행들의 권유에 결국 용기를 냈다. 지금 생각해 보면 그때 배를 타지 않았다면 평생 후회했을 결정이었다. 배가 부두를 떠나자 선장의 진면목이 드러났다. 그분은 단순한 뱃사공이 아니라 이 바다의 수호자이자 이야기꾼이었다. 우리에게 익숙한 이탈리아 민요를 흥얼거리며, 때로는 파도를 가르며 스릴 넘치게 달리고, 때로는 느긋하게 속도를 줄여 주변 풍경을 감상할 시간을 주셨다.

"This is my home, my life." 그분이 바다를 가리키며 말했을 때, 그 목소리에 담긴 자부심과 애정이 고스란히 전해졌다. 배는 점점 더 깊은 바다로 나아갔고, 해안선의 모습이 서서히 드러나기 시작했다. 가파른 절벽들 사이사이에 마치 독수리 둥지처럼 자리 잡은 오래된 건물들이 보였다.

"The Godfather! Very famous movie! Here, this place!" 선장님이 갑자기 말을 꺼내며 절벽 위의 건물들을 가리켰다. 그분의 얼굴에 자랑스러운 미소가 번졌다. 순간 우리 모두의 입이 벌어졌다. 그 전설적인 영화, '대부'가 바로 이곳에서 촬영되었다는 것이었다. 갑자기 눈앞의 모든 풍경이 완전히 다르게 보이기 시작했다.

"마이클 코를레오네가 시칠리아로 피신했을 때..." "아폴로니아와 결혼식을 올렸던 그 장면들이..."

우리의 흥분은 감춰지지 않았다. 영화 속에서 보았던 그 신비롭고 고요한 시칠리아의 모습이 바로 우리 눈앞에 펼쳐져 있던 것이다.

"Michael Corleone, he walk here. Very beautiful, very sad story." 그분의 말을 들으며 우리는 마치 시간을 거슬러 올라가는 듯한 기분을 느꼈다. 1970년대 초, 알 파치노가 이 바다를 바라보며 연기했을 그 순간들을 상상해 보았다. 뉴욕의 거친 마피아 세계에서 도망쳐 온 마이클이 이곳에서 잠시나마 평화를 찾았던 그 시간들을.

배가 절벽 더 가까이 다가가자, 영화의 한 장면 한 장면이 눈앞에서 재현되는 듯했다. 석양빛이 절벽에 스며들며 만들어내는 그림자들 그리고 그 모든 것을 감싸는 고요한 적막감까지.

"저기서 마이클이 아폴로니아를 처음 보았을 수도 있겠네."

"정말 영화 같은 풍경이야. 이제야 왜 코폴라 감독이 이곳을 선택했는지 알겠어."

바람을 가르며 달리는 배 위에서 우리는 마치 영화의 주인공들이 된 듯했다. 선장님의 구성진 노랫소리와 바다의 속삭임, 그리고 친구들과 나누는 웃음소리가 어우러져 완벽한 하모니를 만들어냈다. 그 순간만큼은 세상의 모든 걱정과 스트레스가 사라지고, 오직 이 순간의 아름다움만이 존재했다.

"이런 경험을 함께할 수 있어서 정말 행복해." 동행들과 나누는 대화 하나하나가 소중했다. 같은 시간, 같은 공간에서 같은 감동을 나누는 사람들이 있다는 것만으로도 이 여행은 이미 성공이었다. 배에서 내린 후에도 우리의 감동은 계속되었다.

"영화를 다시 볼 때마다 오늘을 생각하게 될 것 같아."

숙소로 돌아가는 길에 우리는 모두 각자 마음속으로 그날의 경험을 반추하고 있었던 것 같다. 우연히 찾아간 작은 레스토랑에서 시작된 하루가 어떻게 이토록 특별한 경험으로 이어질 수 있었는지, 지금 생각해도 신기하기만 하다.

그로부터 시간이 흘러 우리가 다시 만날 때마다, 그날의 이야기는 빠지지 않는 화제가 되었다. 그 이름 모를 시칠리아 해변가가 우리에게 특별한 이유는 단순히 아름다운 풍경이나 유명한 촬영지였기 때문만은 아니었다. 함께했던 사람들의 따뜻한 마음, 서로를 배려하는 모습들, 그리고 새로운 경험을 함께 나누려는 의지가 그 장소를 더욱 빛나게 만들었던 것이다.

여행이 우리에게 주는 가장 큰 선물은 예상치 못한 순간들이다. 계획하지 않았던 만남, 우연히 발견하게 되는 아름다운 장소들, 그리고 그런 경험을 함께 나눌 수 있는 사람들. 시칠리아 바다에서 만난 그 선장님처럼, 인생에서 우연히 만나는 사람들과 순간들이 우리 마음에 가장 깊은 울림을 준다.

어쩌면 진정한 여행의 의미는 새로운 곳을 보는 것이 아니라,

새로운 눈으로 세상을 보게 되는 것일지도 모른다. 그리고 그런 변화를 함께 경험할 수 있는 사람들이 있다는 것, 그것이야말로 인생에서 얻을 수 있는 가장 큰 축복이 아닐까.

시칠리아의 바람은 여전히 그곳에서 불고 있을 것이다. 우리를 불렀던 그날처럼, 누군가의 마음을 설레게 하며.

에필로그

다시, 나를 깨우는 길 위에서

책을 덮는다는 건 이야기가 끝났다는 뜻이 아니다.

오히려 한 사람의 이야기가 또 다른 누군가의 마음 속에서 새롭게 피어나기 시작한다는 뜻이다.

《삶이 나를 흔들 때마다 - 다시, 나를 깨우는 길 위에서》는 그렇게 완성되었다.

이 책은 결코 완결된 문장들의 모음이 아니다. 불완전하지만 진심으로 써 내려간 고백의 조각들이 모여 만들어 낸 하나의 호흡이다.

누군가는 아픔을 껴안고, 누군가는 희망을 붙들고, 또 누군가는 자신의 길을 찾아 나서며 이 여정에 함께했다. 그들의 문장 하나하나에는 삶의 체온이 배어 있었다.

에필로그

 우리는 글을 쓰며 자신을 마주했고, 편집을 하며 서로의 마음을 들여다보았다. 그 시간 동안 깨달았다. 글은 종이 위에 머무는 것이 아니라, 사람의 마음 속에서 자라난다는 것을. 어떤 문장은 누군가의 과거를 비춰주었고, 또 어떤 문장은 지금을 견디는 사람에게 작은 위로가 되었다.

 살다 보면 누구나 흔들린다. 그 흔들림은 실패가 아니라 성장의 전조. 쓰러짐 속에서 배우고, 아픔 속에서 단단해지는 것이 인생이다. 이 책 속의 이야기들은 바로 그런 흔들림의 기록이다. 지나온 상처를 숨기지 않고, 그 안에서 길을 찾아낸 사람들의 이야기. 그 진심이야말로 이 책을 완성시킨 힘이었다.

 28명의 저자와 함께한 이 여정은 내게도 또 하나의 '깨움'이었다. 기획자로서 이들의 글을 엮어가며 나는 수없이 울고, 웃고, 멈춰 섰다. 각자의 삶이 다르듯 문장들도 다 달랐지만, 그 안에는 공통된 울림이 있었다. 바로 "나는 여전히 살아 있고, 내 안엔 다시 시작할 힘이 있다"는 믿음이다.

에필로그

세상은 끊임없이 우리를 시험하고 흔든다. 하지만 결국 우리를 일으켜 세우는 건, 거창한 성공도 누군가의 위로도 아니다. 그건 바로 '나 자신을 깨닫는 순간'이다.

이 책의 제목처럼, 우리는 모두 각자의 방식으로 깨어나며 살아간다. 그 과정에서 넘어지고 다치더라도, 그것이 인생의 가장 인간적인 얼굴이다.

이 책이 세상에 나오기까지 오랜 시간이 걸렸다. 원고를 다듬고, 서로의 마음을 조율하며, 때로는 용기를 북돋아주고, 때로는 눈물로 격려했다. 그래서 이 책은 단순한 글 모음이 아니라 28개의 마음이 함께 쌓아 올린 '공감의 집'이다. 그 집의 문이 지금 독자 여러분 앞에 조용히 열리고 있다.

이제 공은 독자의 손으로 넘어간다. 당신의 마음속에도 아마 '나를 깨운 순간'이 있을 것이다. 아직 말로 꺼내지 못했거나, 혹은 잊고 지나쳐온 순간일지도 모른다. 이 책을 덮는 지금, 잠시 눈을 감고 그 순간을 떠올려 보길 바란다. 그 기억이 당신의 내일을 바

에필로그

꿔놓을 수도 있다.

나는 이 책을 통해 또 한 번 확신하게 되었다. 작은 이야기가 누군가의 삶을 바꿀 수 있다는 것을.

글은 결국 마음을 잇는 다리이고, 그 다리를 건너는 사람들 사이에는 언제나 따뜻한 빛이 흐른다.

오늘도 우리는 여전히 배우고, 흔들리고, 살아간다. 그것이 삶의 본질이며, '깨움'은 그 반복 속에서 피어나는 우리의 증거다. 이 책이 누군가의 삶을 비추는 조용한 등불이 되기를, 그리고 그 빛이 또 다른 이야기의 시작이 되기를 바란다.

당신의 내일에도, 당신만의 '깨움'이 조용히 자라나길.

서울 가산디지털단지에서
공감에세이 프로젝트 총괄기획 윤서아 올림

❇ **소중한 서평을 기다려요!**
이 책이 여러분의 마음에 작은 울림이라도 남겼다면,
그 소중한 감상을 나눠주세요.
좋았던 점도, 조금 더 바라는 점도 모두 소중한
이야기들이랍니다.
매월 최대 5분을 선정하여 재노북스 도서 중
원하시는 책 1권을 선물로 보내드립니다!

❇ **서평 이벤트 참여 방법**
① 재노북스 책을 읽고 여러분의 진솔한 이야기를 블로그나
   SNS, 온라인 서점에 올려주세요.
② SNS에 올리신 서평링크를 재노북스 톡채널로 보내주세요.

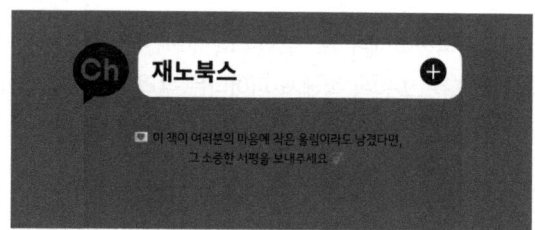

카카오톡 채널 추가하는 방법
카톡 상단 검색창 클릭 → QR코드 스캔 → 채널 추가

kakao**talk**